Guía para Terapeutas

La asistencia a quienes sienten atracción por el mismo sexo y a sus seres queridos

Richard Cohen, M.A.

Traducción
Fiorella M. Faustor Rosales
José Antonio Herrera Barragán.

PATH Press

© 2023 Richard Cohen, M.A.
Traducción
Fiorella M. Faustor Rosales
José Antonio Herrera Barragán.

Todos los derechos reservados. Ninguna parte de este libro puede reproducirse de ninguna forma sin el permiso del editor más allá de lo permitido por la sección 107 o 108 del acto de derechos de autor de los Estados Unidos de 1976. Ninguna parte de este libro puede ser reproducida, almacenada en un sistema de recuperación, o transmitida, de ninguna forma ni por ningún medio (electrónico, mecánico, fotocopiado, grabado o de cualquier otra manera) sin el permiso previo por escrito del editor.

Esta publicación está diseñada para proporcionar información precisa y autorizada en relación con el tema cubierto. Se vende con el entendimiento de que el editor no se dedica a prestar servicios legales, de asesoramiento, médicos o terapéuticos. Si se requiere asistencia legal, médica, terapéutica u otro experto, se deben buscar los servicios de una persona profesional competente.

La mayoría de los nombres han sido cambiados para proteger la confidencialidad de aquellos que han compartido sus historias voluntariamente para el beneficio de otros.

ISBN 979-8-9870260-7-6

Todos los derechos reservados
Cohen, Richard Alfred
Octubre 1952

Diseño de la portada: Katarina / www.fiverr.com
Diseño del libro: Lisa DeSpain / www.book2bestseller.com

PATH Press
P.O. Box 2315
Bowie, MD 20718
Tel. 301-805-5155
www.pathinfo.org

Impreso en los Estados Unidos de América.

Agradecimientos

Me alzo sobre los hombros de muchos grandes hombres y mujeres que vinieron antes de mí. Me gustaría agradecer personalmente al Dr. Joseph Nicolosi Sr., Dr. Elizabeth Moberly, Dr. Robert Kronemeyer, Dr. Martha Welch, Dr. Charles Socarides, Dr. Dean Byrd, Dr. Richard Fitzgibbons, Dr. Irving Bieber, Dr. Mary Ainsworth, Dr. John Bowlby, y el Padre John Harvey. Sus publicaciones y presentaciones han enriquecido mi vida personal y profesionalmente.

Quiero agradeccr a mis incomparables editores: Mary Hamm, Phillip Schanker, y Lily Oliveri. Sois los mejores. Estoy profundamente agradecido por vuestra inestimable ayuda.

Gracias a mi bella y fiel esposa, Jae Sook, y a nuestros tres extraordinarios hijos: Jarish, Jessica y Alfred. Os amo con todo lo que soy.

Gracias a mis amados pastores y amigos: John y Trina Jenkins, Keith y Vicki Battle, Ron y Brenda Crawford,

Alfred y Susie Owens, Anthony y Cynthia Moore y Bessie Hayes. Os quiero mucho a todos y cada uno.

Gracias a mi querido y eterno amigo Caleb Brundidge. Eres un maravilloso hombre de Dios.

Gracias a John y Hilde Wiemann por su amistad y su apoyo profesional.

«El espíritu de Jehová, el Señor, está sobre mí, porque me ha ungido Jehová. Me ha enviado a predicar buenas noticias a los pobres, a vendar a los quebrantados de corazón, a publicar libertad a los cautivos y a los prisioneros apertura de la cárcel; a proclamar el año de la buena voluntad de Jehová y el día de la venganza del Dios nuestro; a consolar a todos los que están de luto; a ordenar que a los afligidos de Sión se les dé esplendor en lugar de ceniza, aceite de gozo en lugar de luto, manto de alegría en lugar del espíritu angustiado. Serán llamados "Árboles de justicia", "Plantío de Jehová", para gloria suya.»

—Isaiah 61:1-3 (RVR1995)

Índice

Agradecimientos 3
Índice 5
Introducción 9
PARTE I: La Ruta de la Sanidad: Cuatro Etapas de la Resolución de la atracción indeseada por el mismo sexo (AMS) 17

Verdades simples de la atracción por el mismo sexo (AMS) 35

El significado detrás de la atracción por el mismo sexo 43

Diez causas potenciales de la AMS 57

Las siete etapas de «Salir del Armario» 76

Cómo ayudar a quienes experimentan AMS indeseada 82

Las cuatro etapas de resolución de la atracción por el mismo sexo 100

La necesidad del contacto físico saludable en el proceso de sanación 138

PARTE II: Fundamentos de la asistencia a familiares y amigos que tienen seres queridos con AMS: Doce principios para el cambio 147

    Introducción 148

    Temario para un grupo de apoyo para padres 157

    Resumen de los puntos clave de Hijos Gay, Padres Heterosexuales: 170

    Dos historias de padres que participaron en nuestras enseñanzas: 171

Conclusión 185

Recursos 199

Organizaciones 201

Acerca del Autor 203

Ruego que tengan en cuenta el uso del término «gay» a lo largo de este libro como un término sociopolítico que denota a alguien que ha aceptado su atracción por el mismo sexo (AMS) y decide vivir un estilo de vida homosexual. Del mismo modo, el término LGBTQ+ (Lesbiana, Gay, Bisexual, Transgénero y Queer/Questioning[1]+) va a ser utilizado en este material para propósitos sociopolíticos. Yo no creo en que haya realmente lo que la sociedad usa como apelativo, para identificar a una persona «homosexual». Lo que sí hay es personas que experimentan atracción hacia su mismo sexo (AMS); una nomenclatura como adjetivo que describe los pensamientos, sentimientos o deseos de la persona, no como un sustantivo por el que llamarle.

---

1 Questioning: «dubitativo», «curioso» o «cuestionando», indica interés en la exploración de aspectos de sexualidad fuera de la heterosexualidad.

Introducción

La atracción por el mismo sexo (AMS) no trata de la AMS. En última instancia, trata de heridas del corazón que no han sido sanadas, y necesidades legítimas de amor que no fueron satisfechas en las edades y etapas críticas del desarrollo en la infancia. Por lo tanto, la AMS no trata de sexo, sino del intento de la psique de sanar y crecer hasta la plenitud de la masculinidad o feminidad de uno.

Entre los 70 y hasta mediados de los 80, yo fui ese cliente que buscaba ayuda desesperadamente para resolver su atracción indeseada por el mismo sexo (AMS). La mayoría de terapeutas no tenía ni idea de cómo ayudarme. Después de tener una revelación en 1987, volví a la escuela de postgrado para obtener un máster en consejería psicológica. Desde 1989 me convertí en el psicoterapeuta de cientos de hombres y mujeres que hallaron libertad de la AMS indeseada, alcanzando de forma definitiva sus deseos de heterosexualidad. Sé, tanto personal como profesionalmente, que el cambio es posible.

«Querido Dios. Por favor, llévate mis sentimientos homosexuales. Nunca los he querido. ¿Por qué no me los quitas?»

Repetí esa oración día tras día, mes tras mes y año tras año desde la escuela primaria hasta mis años de estudiante en la Universidad de Boston. Pero Dios nunca me los quitó. Mientras tanto, soñaba con casarme con una mujer y crear una hermosa familia.

En 1970 me declaré abiertamente gay, durante mi último año de instituto. Mis padres se apresuraron a llevarme a un psiquiatra, que no tenía la más remota idea de cómo ayudarme. Y así me fui a la Universidad de Boston. Tuve varios novios durante mi primer año de carrera, y estuve con la misma pareja durante los tres años siguientes. Yo había crecido a las afueras de Filadelfia, en una familia judía. Mi novio Kurt amaba a Jesús. Puesto que yo amaba a Kurt, quise saber más sobre este Jesús, así que leí el Nuevo Testamento por primera vez en mi vida. Fue asombroso. Me enamoré de Cristo. Era congruente por dentro y por fuera, y ofrecía gracia, perdón y amor.

Me convertí en creyente y oré al Señor Jesús: «Por favor, llévate mi atracción indeseada por mi mismo sexo», pero aún así, persistió. Leyendo las Escrituras, Kurt y yo nos dimos cuenta de que no tendríamos que estar teniendo sexo, y rompimos nuestra relación.

Durante los siguientes nueve años viví como un hombre célibe. En esa época conocí a la que sería mi esposa,

INTRODUCCIÓN

Jae Sook, proveniente de Corea. Le conté mi pasado. Y ella no me dio más que amor y aceptación. Aún así, después de casarnos, mis sentimientos homosexuales regresaron. Fue una auténtica pesadilla.

Caí al suelo de rodillas en oración: «¿Por qué no te llevas estos deseos? He hecho todo lo que me has pedido. He sido un buen hombre cristiano». Así que volví a terapia, y entonces, una por una, las causas de mi AMS fueron saliendo a la luz:

1) La falta de conexión con mi padre
2) La excesiva vinculación con mi madre
3) Abuso físico por parte de mi hermano mayor
4) Abuso sexual por parte de mi tío Phil cuando yo tenía cinco años

Y cuando empecé a tratar las heridas de mi pasado, mis atracciones por el mismo sexo disminuyeron. Finalmente, abrazado a un querido amigo, que también resultó llamarse Philip, expuse la herida fundamental de mi abuso sexual y el sufrimiento que me causaron mi padre y mi hermano mayor. Fue ahí donde descubrí el secreto que me liberó: cuando mi corazón herido fue atendido y sanado, mientras me abrazaba un hombre heterosexual sano, mis sentimientos homosexuales dejaron de tener un propósito en mi vida.

Después de mi revelación, oré a Dios: «¿Qué quieres que haga ahora?». Y en 1987 recibí mi llamado: ayudar a otras personas que experimentan AMS indeseada, prestar asistencia a sus familiares y amigos, e instruir al mundo sobre la verdad de la homosexualidad. Estudié un postgrado y recibí mi máster en consejería psicológica, y en estos últimos 35 años como psicoterapeuta, he tenido el honor de asistir a miles de personas en todo el mundo, que experimentan AMS indeseada, a poder alcanzar sus propios sueños de tener una familia con una pareja del sexo opuesto. He ayudado a cientos de padres a reconciliarse con sus seres amados LGBTQ+, y he entrenado a más de 6.000 terapeutas profesionales y líderes ministeriales para amar y comprender a quienes están luchando con su orientación sexual y su identidad de género.

Ni soy ni homófobo ni anti gay. Amo a toda la comunidad LGBTQ+, y respeto el derecho de cada individuo a escoger su propio camino. Mi preciosa esposa y yo llevamos casados 43 años, y tenemos tres hijos increíbles, ya adultos. Mi sueño se hizo realidad. Sé personal, profesional y científicamente que nadie tiene una atracción innata por el mismo sexo, que nadie escoge tener AMS, y que el cambio es posible.

Muchos de tus clientes vienen a verte en busca de ayuda, esperanza y una ruta que les permita resolver su atracción por el mismo sexo indeseada. Es esencial que te eduques sobre las causas básicas de la AMS, así como tener un plan para sanar/resolver sus sentimientos indeseados. Además, familiares y amigos de personas con AMS también buscarán tu guía. Voy a ofrecerte herramientas prácticas para atender a ambos grupos.

- Primero, he desarrollado un protocolo en cuatro etapas para atender a quienes experimentan AMS indeseada, tal y como se detalla en *Comprender y sanar la Homosexualidad.*
- Segundo, he diseñado un protocolo de 12 pasos para padres, familiares, amigos y la comunidad religiosa, como se detalla en *Hijos gay, padres heterosexuales: ¿Qué hacer? Un plan familiar.*
- Tercero, he creado un protocolo para terapeutas, consejeros, coaches y líderes ministeriales, descrito en nuestro *Counselor Training Program Manual and Film Series* (*Serie de manuales y vídeos del Programa de formación para Consejeros,* solo disponible en Inglés por el momento).

La mayoría de los que luchan con AMS, de los que tienen seres amados LGBTQ+, de los terapeutas y de los líderes de ministerio, desconocen estas soluciones y el potencial que tienen para el cambio real y duradero. Por eso quiero compartir contigo en este libro (y más detalladamente en las otras tres publicaciones mencionadas) la verdad, los tesoros que he desenterrado en mi trayectoria personal y profesional:

- En lucha: Experimenté AMS indeseada desde que estaba en la escuela primaria. Fue extremadamente doloroso no comprender por qué experimentaba deseos homosexuales ni cómo lidiar con ellos.

- Vencedor: Llegar a comprender por qué experimenté AMS fue un camino largo y doloroso, y llevó aún más tiempo sanar las heridas que habían dado lugar a esos deseos en primer lugar. Hoy, estoy aquí como alguien que ha vencido en amor. He estado casado con mi esposa Jae Sook desde 1980, y tenemos tres hijos maravillosos.
- Sanador: Durante treinta y cinco años como psicoterapeuta y especialista en orientación sexual e identidad de género, he ayudado a cientos de hombres y mujeres que experimentaban AMS indeseada a alcanzar su heterosexualidad potencial, he ayudado a cientos de padres a restaurar relaciones con sus hijos con AMS, y he ayudado a miles de otras personas mediante nuestros seminarios de sanidad y clases online.
- Educador: He podido enseñar a miles de terapeutas, consejeros, coaches, líderes de ministerio y al público general sobre las causas de la AMS y sobre un plan de tratamiento para el cambio que funciona.

He tenido el privilegio de estar a ambos lados del diván del terapeuta; primero como cliente y ahora como consejero. Como en todas las profesiones, llevamos a nuestro trabajo nuestras experiencias vitales. Yo soy un artista de la sanidad. Conozco «las flechas y pedradas de

INTRODUCCIÓN

la áspera fortuna»[2] que pesan sobre quienes viven con una atracción por el mismo sexo indeseada. He demostrado ser digno de haber recorrido este viaje: puedo hablar de lo que hablo porque he caminado este camino. Escogí la ruta cuesta arriba, nadar a contracorriente.

Mi mayor deseo es arrojar luz sobre la verdad de la AMS, sobre cómo ayudar a aquellos que buscan el cambio, y atender a sus seres queridos. Este libro, y nuestra *Serie de manuales y videos del Programa de formación para Consejeros*, te aportará las herramientas necesarias para ayudar tanto a la persona que está luchando como a los que sufren a su alrededor.

---

2 Cita de *Hamlet* de William Shakespeare, Escena 3, Acto 1. Trans. Ángel-Luis Pujante.

PARTE I

La Ruta de la Sanidad: Cuatro etapas de resolución de la atracción por el mismo sexo (AMS) indeseada

En mi libro *Comprender y sanar la Homosexualidad*, aprenderás sobre las diez causas potenciales de la AMS y el modelo de sanidad en cuatro etapas. El resto de los capítulos son testimonios de transformación por parte de antiguos clientes que resolvieron su AMS indeseada; muchos de ellos están hoy casados y tienen hijos. Cambiar nuestra orientación sexual y nuestra identificación con un género es posible, y así ha sido documentado por la investigación científica (puedes referirte al libro del Dr. James Phelan, *Resultados Exitosos en Esfuerzos de Cambio de Orientación Sexual*; Phelan Consultants LLC, 2014).

Durante los últimos 35 años como psicoterapeuta, he aprendido las siguientes lecciones:

1 — La AMS no trata ni de la propia atracción ni del sexo. Es una cortina de humo que oculta un corazón que está sufriendo. Puede que tengas clientes que acudan a consulta diciendo «No quiero ser gay. No quiero vivir un estilo de vida gay. Por favor, ayúdame a resolver estos sentimientos y a ser estrictamente heterosexual». Antes de nada, dale esperanza de que el cambio es posible. Pero a continuación, necesitas guiarle a replantear su concepto de que uno es «gay» o es «heterosexual». Lo que realmente está queriendo es librarse de esos sentimientos indeseados. Sin embargo, esos sentimientos son un mensaje de su alma, intentando captar su atención. La AMS no es mala en sí misma. No es malvada. No es una maldición ni de Dios ni del diablo. La AMS es el intento de la psique de comunicar que algo duele dentro. Algo necesita atención, resolución, y amor dado de las formas correctas.

Lleva años que alguien desarrolle AMS, y de la misma manera, llevará tiempo resolver los problemas que dieron pie a esos deseos. En mi práctica clínica, el proceso de sanación lleva entre un año y medio y tres años. Cuánto tiempo se requiera para resolver una AMS indeseada depende de la gravedad, la sinceridad y el apoyo:

1) La gravedad de las heridas experimentadas en la infancia y la adolescencia.

2) La sinceridad, el esfuerzo que esté dispuesto a invertir en el proceso de sanación.

3) El apoyo: el número de mentores y amigos, sanos y heterosexuales, que le rodeen, tendrá una correlación directa con su desarrollo hacia una auténtica masculinidad o feminidad. Sin mentores y amigos heterosexuales y saludables, la persona que lucha con la AMS puede sexualizar continuamente la necesidad normal de un vínculo saludable. Puesto que la AMS no trata del sexo, desarrollar la plenitud de su auténtica identidad llevará tiempo y requerirá la inversión de varios familiares, amigos, mentores y líderes espirituales sanos y heterosexuales.

2 — Se debe asegurar a los clientes que «deshacerse» de su AMS como sea no es realmente su necesidad primordial. Un antiguo cliente, un médico alto y apuesto, dijo durante su primera sesión: «Lo que quiero es librarme de mi AMS, pero al mismo tiempo, ¡me da miedo perderla!». A esto respondí: «Es normal, no te preocupes. Tu AMS ha sido tu mejor amiga durante la mayor parte de tu vida. No nos concentremos en tu AMS, porque la AMS no trata de la AMS».

Al resolver las heridas de su pasado—las formas sutiles o las obvias manifestaciones de traumas ocurridos en la infancia temprana y/o la adolescencia—y experimentar un amor saludable por parte de personas de su mismo sexo, la AMS disminuirá de forma natural, y se darán las Atracciones por el Sexo Opuesto (ASO). Todos somos seres diseñados biológicamente con la capacidad heterosexual; hombre y mujer encajan juntos a la perfección. Dos hombres o dos mujeres no.

3 — Si hay un diagnóstico doble, o comorbilidad, primero se debe ayudar al cliente a resolver su otro problema o problemas. Por ejemplo, adicción al alcohol, adicción a la pornografía y a la masturbación, abuso de sustancias, etc. A menos que empiece a resolver su adicción, él o ella revertirán constantemente a ese patrón de comportamiento adictivo en cuanto experimenten estrés o dolor, y toda posible sanidad se retrasará. Si el cliente no es capaz o no está dispuesto a lidiar con sus adicciones, o sus otros diagnósticos, no es profesional por tu parte intentar atenderle. Una vez más, la AMS no trata de la AMS. Lo primero, debe ir primero.

4 — El doctor Dean Byrd declaró esto: «Sé más que un terapeuta, y menos que un padre». Tú eres su «animador». Motiva a tus clientes durante el proceso de la terapia que están experimentando, especialmente en sus momentos más bajos: «No te rindas. Sé que duele. Sé que estás sufriendo. Sigue adelante, todo mejorará». Sigue infundiendo esperanza. Mantenles en el camino de las cuatro etapas de la sanidad. Simplemente, estate presente para ellos cuando más desesperados y desanimados se sientan (sé un «testigo simpatizante», como declaró la doctora Alice Miller en su emblemático libro *El Auténtico*

«*Drama del Niño Dotado*»). Transmítele esperanza en el resultado final de cumplir sus sueños. «Puedes hacerlo. Creo en ti. Estaré a tu lado. ¡No te rindas!».

Más que un terapeuta, menos que un padre. Por supuesto, no eres su «amigo», aunque muchos clientes van a pensar en ti de ese modo, ya que vas a ser la primera persona que conoce sus más profundos y oscuros secretos, y aun así le muestra apoyo, preocupación y atención incondicionales. La AMS representa una herida relacional; por lo tanto, mantener una actitud distante está contraindicado, ya que solo fomentará un sentido aún mayor de desconexión de cara al paciente (debido a esto, una aproximación freudiana tradicional sólo exacerbaría sus problemas relacionales). En cuanto a mí, mis clientes siempre han sabido que les amaba, que siempre sería un puerto seguro en las tempestades de la vida.

> «El terapeuta emocionalmente desconectado reactiva recuerdos de frustración temprana con un padre frío y crítico. Para corregir este error, Moberly [refiriéndose a la doctora Elizabeth Moberly] explica que el terapeuta debe estar más involucrado emocionalmente y, dentro de las pautas de la terapia, permitir la dependencia. El terapeuta debe ser del mismo sexo que el cliente para permitirle que supere los bloqueos del desarrollo en cuanto al progenitor del mismo sexo.» Joseph Nicolosi Sr., *Terapia Restaurativa de la*

Homosexualidad Masculina: Un Nuevo Enfoque Clínico [*Reparative Therapy of Male Homosexuality: A New Clinical Approach*] (North vale, NJ: Jason Aronson, Inc., 1991, Liberal Mind Publishers, edición actualizada, 2020), 20.

5 — El tiempo, por sí solo, no sana todas las heridas; sólo las entierra más hondo. Necesitamos ayudar al cliente a que recuerde y afronte lo que sucedió, procese el duelo por las pérdidas de su pasado, y experimente un amor nuevo y sano de parte de quienes son capaces de proporcionarlo. Uno debe ser honesto y procesar sus propios sentimientos para poder sanar. Llevó años desarrollar la AMS, y por lo tanto llevará tiempo resolver los problemas ocultos y satisfacer las necesidades afectivas desatendidas mediante relaciones saludables.

> «A menos que una persona pueda sentir sus emociones, no podrá llegar a la raíz de su turbación. La esencia del problema terapéutico es liberar y re-canalizar las energías que se han bloqueado en la armadura del carácter y la armadura muscular. Para hacer esto, es necesario tomar consciencia y resolver las emociones dolorosas que han fragmentado la plenitud del Yo. La meta es un ser humano natural, saludable y unificado, liberado de pretensión y engaño, cuyo interior sea acorde a su exterior.» Robert Kronemeyer,

Superando la Homosexualidad [*Overcoming Homosexuality*] (New York City, NY: Macmillan Publishing Co., Inc., 1980), 113.

6 — Las heridas sufridas en relaciones dañinas deben sanarse en relaciones saludables. No podemos sanar por nuestra cuenta porque toda la problemática es relacional. Llorar a solas en tu almohada por la noche no va a funcionar. Esa clase de duelo se acaba haciendo cíclico. Es necesario experimentar el amor real en relaciones saludables para poder sanar las heridas antiguas. Necesitamos compartir nuestra verdad, sentirnos aceptados, construir confianza, y entonces experimentar amor real. Recuerda que no hay atajos para arreglar los asuntos del corazón.

Además, como terapeuta o coach, debes, debes, debes ayudar al cliente a construir una red de apoyo fuerte. Necesita tener amigos y mentores que sean hombres sanos con Atracción por el Sexo Opuesto (ASO). Hay más información sobre construir la red de apoyo en *Comprender y sanar la Homosexualidad*, Capítulos cuatro y seis (páginas 105-144, y 151-232). Los hombres que estén saliendo de la AMS indeseada deberán primero sanar con otros hombres, experimentar la pertenencia y ser uno más de ellos. Entonces, y solo entonces, estarán preparados para ser un hombre con una mujer. Y lo mismo es cierto para las mujeres que experimentan AMS indeseada. Primero ella debe ser una mujer, sentirse parte de las mujeres cuando está entre ellas, antes de tener éxito con un hombre. Debemos experimentar primero un sentido de nuestra propia identidad de género, y de pertenencia con nuestros pares, antes de tener la seguridad necesaria para comprender y amar al sexo opuesto.

> «(…)no sexualizamos aquello con lo que nos identificamos; cuando nos identificamos con alguien, ya no nos vemos sexualmente atraídos por ellos. Es siempre a lo-que-no-somos que nos vemos atraídos.» Joseph Nicolosi Sr., *Terapia Restaurativa de la Homosexualidad Masculina: Un Nuevo Enfoque Clínico* [*Reparative Therapy of Male Homosexuality: A New Clinical Approach*] (Northvale, NJ: Jason Aronson, Inc., 1991, Liberal Mind Publishers, edición actualizada, 2020), 186.

7 — Uno necesita comprender al sexo opuesto desde el punto de vista de la propia identidad de género correctamente formada en uno mismo: después de que los hombres con AMS resuelvan sus dificultades homo-emocionales y/o homo-sociales (heridas que vienen del padre y de otros chicos) y desarrollen vínculos con hombres saludables con ASO, entonces aprenderán sobre las mujeres desde una perspectiva masculina. Previamente, la mayoría de hombres que experimentan AMS han visto a las mujeres desde una perspectiva femenina, ya que se alinearon más con sus madres y/o con chicas durante las edades y etapas críticas del desarrollo infantil y adolescente. Por tanto, vieron el mundo de las mujeres desde un punto de vista más femenino.

Ahora, al pensar en las citas y en las relaciones sexuales, aprenderán del mundo de las mujeres desde una perspectiva masculina. Por supuesto, el mismo proceso sanador se aplica a las mujeres que experimentan AMS. Necesitan cultivar vínculos con mujeres heterosexuales sanas, y aprender entonces de los hombres desde una perspectiva femenina. Este es un proceso que no puede omitirse. Hablo más de este fenómeno en los Capítulos cuatro y seis de *Comprender y sanar*.

8 — Es imperativo hacer saber a tu cliente que cuando sufra estrés o presión, su AMS puede emerger como un mecanismo para tolerarlo. No es una regresión el hecho de que experimente una AMS. Es meramente la repetición de un viejo patrón neurológico. La clave es entender que si esto sucede, no se trata de la AMS, sino que se trata de lidiar con la situación y circunstancias que se presentan, de formas saludables y efectivas (más sobre este tema en los Capítulos cuatro y seis del libro *Comprender y sanar* mencionado anteriormente). Tan pronto como se enfoque en cuidar adecuadamente de sí mismo, o acaso recuerde momentos de haber sido amado, los vestigios de todo patrón malsano y AMS se desvanecerán, y se sentirá mucho mejor.

Además, si alguien ha experimentado abuso sexual u otras formas de actividad con el mismo sexo a una edad temprana, sus senderos neuronales del cerebro fueron moldeados para experimentar AMS. Por lo tanto, de nuevo, bajo estrés, una respuesta de escape puede ser sentir atracción por el mismo sexo. Esto solo significa que su cerebro está intentando regresar a sus viejos hábitos. Uno debería respirar, relajarse, conectar con su propia alma, y escuchar lo que ésta está intentando comunicarle. Cuando haga esto, su AMS se disipará. Porque nunca se trata de la AMS (ni de sexo), sino de darse a uno mismo el cuidado adecuado y aprender a amar y a ser amado. Una vez más, la AMS no trata ni de la AMS ni del sexo.

9 — La AMS es un regalo para ayudar a sanar, crecer y convertirse en el hombre o la mujer que realmente están hechos para ser. Con el tiempo, puedes ayudarle a comprender que la AMS con la que brega, la que cree que es una carga, es de hecho su mejor amiga. Ayúdale a abrazar el problema, escucharlo, aprender de él, y llegar a ser un buen mayordomo de su propia alma. En el proceso de crecer, se convertirá en un hombre que puede amar. Después de eso, bendecirá a otros porque ha recorrido el camino a través de su propio infierno y ha vuelto convertido en alguien más saludable, capaz de amar y de ofrecer sus dones a otros. Esto se aplica tanto a hombres como a mujeres que experimentan AMS indeseada.

> «El quebranto sexual sitúa con precisión el lugar donde se encuentran nuestras heridas del pasado y resalta los bloqueos en el camino que

nos impiden alcanzar la libertad que deseamos. Si estamos dispuestos a escuchar, nuestras luchas con lo sexual tendrán mucho que enseñarnos.» Jay Stringer, *Indeseado: Cómo el Quebranto Sexual Revela Nuestro Camino a la Sanidad* [*Unwanted: How Sexual Brokenness Reveals Our Way to Healing*] (Carol Stream, IL: NavPress/Tyndale House Publishers, Inc., 2018), xix.

10 — Es muy importante comunicar esto a tu cliente desde el principio de la terapia: «No *eres* gay.» «No *eres* lesbiana.» «No *eres* un homosexual.» «No *eres* bisexual.» «No *eres* no binario.» «No *eres* transgénero.» «Lo que sí eres es un precioso hijo de Dios o una preciosa hija de Dios. Esa es tu verdadera identidad.» Si tu cliente no cree en Dios, simplemente asegúrale: «Estás diseñado biológicamente como hombre», o «Estás diseñada biológicamente como mujer.» «Gay», «lesbiana», «homosexual», «bisexual», «no binario», «transgénero», son todos términos creados por el ser humano. Son etiquetas incorrectas. En la cultura actual en el mundo entero, estos términos se usan como sustantivos definitorios, metiendo a la gente en cajas cerradas. Sin embargo, AMS es un adjetivo que describe los pensamientos, sentimientos y/o deseos de alguien.

11 — Nunca llores cuando tu cliente esté llorando. Puede que ya sepas esto; yo lo aprendí por las malas, a través de la experiencia. Durante una sesión, una mujer joven estaba recordando pasados abusos sexuales en la infancia. Inocentemente, empecé a llorar en silencio, con lágrimas en los ojos. Tan pronto como me vio llorar, interrumpió su duelo y dejó de compartir. He aprendido que mientras un cliente describe un recuerdo doloroso del pasado o el presente, tal vez llorando, nunca es apropiado para el terapeuta mostrar signos visibles de emoción. Como los que trabajan en la Sala de Urgencias de un hospital, no pueden mostrar ninguna reacción intensa a la afección del paciente; de no ser así, el paciente acabaría estando más nervioso o asustado. Debemos mostrar compasión mientras mantenemos la distancia, caminando por esa fina línea divisoria. De este modo, el cliente se sentirá seguro. Si empatizamos demasiado, el cliente puede sentir que debe cuidar de nosotros, tal y como tal vez haya hecho con sus padres o tutores.

12 — He observado dos tipos de clientes diferentes: 1) los de **fuerte voluntad** que están deseosos y son capaces de completar sus deberes asignados y desarrollar una red de apoyo, y 2) los de **voluntad débil** que no hacen sus deberes y tienen miedo de acudir a otros buscando apoyo.

Después de establecer una relación de confianza (lo que lleva al menos dos o tres meses), mantengo al cliente en el buen camino, exigiendo que complete todas sus tareas asignadas. Si no hacen los deberes requeridos, hay varios enfoques alternativos: 1) hacer los deberes asignados durante la sesión, o 2) el cliente encuentra un amigo u otra persona con quien rendir cuentas; se reúnen y hacen juntos los deberes asignados.

Mi hipótesis sobre el cliente de voluntad débil es que, durante la segunda etapa del desarrollo (separación/individuación), fue incapaz de individuarse correctamente de la figura materna, y siguió siendo alguien que se centra en complacer, un niño bueno o niña buena. Además, puede haber habido trauma o experiencias dolorosas durante las etapas tempranas del desarrollo infantil. Incapaz de expresar sus propias necesidades de un modo positivo, asertivo, el niño queda en un estado de miedo e incapacidad de actualizar su propia y verdadera personalidad. Esto puede resultar en un individuo de voluntad débil.

13 — Cuida bien tu tiempo, porque es preciado. Perdóname por ser tan tajante, sin embargo, sugiero trabajar mayoritariamente con clientes de voluntad fuerte. Esto puede sonar severo, pero los clientes de voluntad débil pueden depender de ti, debilitarte, requerir más de ti, y una vez ha pasado todo, acusarte. Diles que lo lamentas, pero que no puedes ayudarles. No les culpes, porque ya se sienten mal. Recomiéndales que trabajen con uno de los muchos grupos de apoyo online, y/o refiéreles a otro terapeuta (https://www.pathinfo.org/organizations).

14 — No existe tal cosa como una «Terapia de Conversión» (TC). Este es literalmente un término creado por los líderes del movimiento LGBTQ+ (Lesbianas, Gays, Bisexuales, Transgénero, Queer/ Questioning+) para hacer que los terapeutas que atienden a clientes que experimentan AMS indeseada parezcan homófobos, anti-gays y desinformados. La implicación inherente del término «Terapia de Conversión» es que estamos intentando «convertir» a alguien a nuestras creencias. El término peyorativo «Terapia de Conversión (TC)» no originó en la comunidad de terapeutas, sino en los activistas LGBTQ+, como una consigna sociopolítica. Permíteme por favor que ilumine la tremenda confusión y astucia del término «Terapia de Conversión».

Primero de todo, la implicación es que los terapeutas, o una variante de las terapias y/o ministerios, están intentando «convertir» al cliente en heterosexual, a menudo en contra de su voluntad. Nada podría estar más lejos de la verdad. Como terapeutas, solo atendemos a aquellos que experimentan AMS indeseada.

Segundo, los activistas LGBTQ+ meten intencionadamente en el mismo saco a los buenos, los feos y los malos: ministerios de ex-gays, consejeros que emplean métodos terriblemente anticuados, programas orientados a la religión y, finalmente, terapeutas formados profesionalmente que usan modalidades científicamente probadas. Una simple búsqueda online del término «Terapia de Conversión» resultará en un amplio abanico de definiciones subjetivas, basadas en una aproximación del punto de vista de la persona o la organización. TC no es un término científico cimentado por años de investigación y recopilación de pruebas mediante estudios evaluados científicamente por expertos. Para decirlo llanamente, es un término acuñado para denigrar a terapeutas bien entrenados y a quienes buscan resolver su AMS indeseada a través de una terapia adecuada.

En mi carrera, he trabajado con varios clientes que se identificaban como gays, que no tenían deseo de cambiar su orientación sexual. Pero, por supuesto, he trabajado principalmente con clientes que experimentaban AMS indeseada y buscaban que esto cambiara. Mis colegas y yo creemos en el derecho del cliente a la autodeterminación. Vemos esto como un derecho básico humano a la autonomía. Una vez más, el término peyorativo TC no se originó dentro de la comunidad de terapeutas, sino por activistas LGBTQ+, como una expresión sociopolítica. Para una explicación en mayor profundidad del movimiento LGBTQ+ y sus términos, os ruego que leáis *Abriendo las puertas del Armario:* Libros Libres, 2013. (Richard Cohen, Bowie, MD: PATH Press, 2022).

Cuando empecé a ejercer como psicoterapeuta a finales de los años 80, no existía el término Terapia de Conversión. Apareció por arte de magia a principios de los 2000, introducido por activistas LGBTQ+. A base de repetir este término por suficiente tiempo y lo suficientemente alto, se consideró probado, demostrado y cierto. Los medios de todo el mundo adoptaron el término TC, y se popularizó como algo legítimo y real. Si los noticieros lo dicen, debe ser cierto. Abracadabra, otra gran táctica de los activistas LGBTQ+, intentar silenciar a los clientes que sinceramente desean resolver sus sentimientos homosexuales indeseados, y a los profesionales que les atienden.

15 — Los fetiches no tratan de los fetiches. Un fetiche no es ni sobre el fetiche ni sobre sexo. Siempre hay orígenes traumáticos para cada fetiche, p. ej. pies, calzado, ropa interior, sadomasoquismo, infidelidad. Como con la AMS, ayudamos al cliente a comprender el significado tras su fetiche o fetiches. Una advertencia: no trates directamente con el fetiche de tu cliente en las etapas tempranas del proceso de sanación. Sigue el protocolo de cuatro etapas, y cuando sea el momento correcto (generalmente durante la tercera etapa), puedes apuntar al significado profundo que creó esta manifestación. Algo así siempre oculta un corazón doliente. Escucha, aprende, y pacientemente acepta a tu cliente. Lee el libro de Jay Stringer, *Indeseado: Cómo el Quebranto Sexual Revela Nuestro Camino a la Sanidad* [*Unwanted: How Sexual Brokenness Reveals Our Way to Healing*] (NavPress, ©2018).

16 — Idealmente, el cliente debe buscar terapia con alguien de su mismo género. La atracción por el mismo sexo representa una conexión deteriorada con los miembros del mismo sexo. Por lo tanto, los hombres que experimentan AMS indeseada se beneficiarán mucho más de trabajar con un terapeuta varón, y una mujer con AMS trabajando con una terapeuta femenina. Si no hay terapeutas del mismo sexo disponibles, entonces el consejero ayudará a su cliente a encontrar mentores de su mismo género. La Dr. María Valdés era una excelente psicóloga de la ciudad de Nueva York. Durante décadas atendió a hombres que experimentaban AMS indeseada. Desarrolló un sistema de apoyo triangular para sus clientes: 1) terapeuta, 2) cliente, y 3) director espiritual y/o mentor del mismo sexo. Con el consentimiento del cliente, el terapeuta y el director espiritual (o mentor) trabajaban juntos para atender al paciente.

17 — A lo largo de las últimas cuatro décadas, la terapia para atender a quienes experimentan AMS indeseada ha tenido muchos nombres distintos, empleados por diferentes terapeutas. El Dr. Jospeh Nicolosi Sr. usaba el término «Terapia Restaurativa». Empleó el término «restaurativa» derivándolo de la obra de la Dr. Elizabeth Moberly, *Homosexualidad: Una Nueva Ética Cristiana* [*Homosexuality: A New Christian Ethic*] (James Clarke & Co., 1983, revisado 2006). Ella propuso que la motivación subyacente de aquellos que experimentan AMS es un impulso «restaurativo», buscando reclamar el amor no obtenido de los progenitores y pares de su mismo género. De acuerdo a Moberly y Nicolosi, este impulso «restaurativo» representa el intento del alma de sanar heridas y de cubrir necesidades amorosas insatisfechas en cuanto a vínculos seguros.

El Dr. Joseph Nicolosi, Jr. (hijo del Dr. Nicolosi, Sr.) utiliza el término «Terapia Reintegrativa» (https://www.reintegrativetherapy.com). Otros terapeutas han empleado términos como Esfuerzos de Cambio de

Orientación Sexual (ECOS), Esfuerzos de Cambio de Identidad de Género (ECIG), Terapia de Reorientación Sexual, y Terapia de Reafirmación del Género.

Hoy, dado el prevaleciente apoyo pro-gay en el panorama político, yo uso el término Terapia de Orientación Sexual. Los que estamos en este campo de atención a quienes experimentan AMS indeseada, debemos estar atentos a los campos de minas que debemos sortear en este mundo de siempre creciente discriminación inversa. Hubo un tiempo en que los que pertenecíamos a este campo de atención éramos la mayoría de los terapeutas, antes de los años 70. Ahora estamos en la periferia, y considerados homófobos, simplemente porque creemos en lo que la ciencia dice realmente y en el derecho del cliente a la autodeterminación.

PARTE I: LA RUTA DE LA SANIDAD

Verdades Simples de la atracción por el mismo sexo (AMS)

1. No hay evidencias convincentes de que nadie se vea determinado a experimentar AMS de forma innata.

No existen datos científicos conclusivos que prueben que haya una simple causa genética, biológica u hormonal para la AMS. La investigación científica indica que aunque los factores biológicos y/o genéticos puedan intervenir, los deseos homosexuales emergen de una compleja interacción de influencias psicológicas, ambientales y temperamentales.

2. Nadie decide, simplemente, tener AMS.

Estos deseos son a menudo el resultado de heridas sin resolver de la infancia y de necesidades legítimas de amor insatisfechas. Es un fenómeno biopsicosocial que surge de muchos factores. Por lo tanto, nadie simplemente escoge experimentar AMS. La decisión de actuar o no de acuerdo a estos deseos sí es claramente una elección.

3. Las personas pueden tener esperanza en su elección de querer pasar de la AMS a la ASO.

La investigación demuestra que el cambio es posible. Con una motivación firme, un tratamiento efectivo, y el apoyo adecuado, la gente puede cambiar y cambia. El camino hacia la sanidad tiene cuatro partes:

1) Entender las causas raíz de la AMS.
2) Obtener el apoyo de otros.
3) Sanar las heridas que crearon estos deseos en primer lugar.
4) Suplir las necesidades afectivas desatendidas en relaciones saludables, sanadoras y no sexuales con miembros del mismo sexo.

El campo de la Neuroplasticidad, mediante numerosos estudios científicos, ha mostrado que tanto el cerebro como el comportamiento pueden cambiar. «La neuroplasticidad es la capacidad del cerebro para continuar creciendo y evolucionando en respuesta a las experiencias vitales. La plasticidad es la capacidad de ser formado, moldeado o alterado; la neuroplasticidad, por tanto, es la capacidad del cerebro para adaptarse o cambiar con el tiempo, creando nuevas neuronas y construyendo nuevas redes neuronales» (https://www.psychology today.com/us/basics/neuroplasticity). Lee el rompedor libro del Dr. Norman Doidge, *El Cerebro Se Cambia A Sí Mismo* (publicado en España por Editorial Aguilar).

Desde los años 90, hemos estado oyendo un mensaje autocomplaciente en los medios: «los homosexuales nacen así». Pero, lo que la ciencia real dice es «En esencia, no se tiene AMS de nacimiento».

La Asociación Psicológica de América (American Psychological Association), una organización estrictamente pro-gay, admitió finalmente: «Pese a que muchas investigaciones han examinado las posibles influencias genéticas, hormonales, evolutivas, sociales y culturales sobre la orientación sexual, no ha surgido ningún hallazgo que permita concluir a los científicos que la orientación sexual la determine ningún factor o factores en particular.»

[American Psychological Association, 2008; http://www.apa.org/topics/sorientation.html]

Y de acuerdo al Instituto Americano de Pediatría [American College of Pediatricians]:

- La homosexualidad no es un rasgo determinado genéticamente o imposible de cambiar.
- La atracción homosexual se determina por una combinación de influencias familiares, ambientales, sociales y biológicas. Los rasgos de predisposición a heredar rasgos de personalidad pueden intervenir en algunos casos. En consecuencia, la atracción homosexual es susceptible de cambio.
- El estilo de vida homosexual, especialmente para los varones, conlleva graves riesgos para la salud.
- La terapia de reorientación sexual ha visto probada su efectividad para aquellos con atracciones homosexuales indeseadas.

www.FactsAboutYouth.com

El Dr. Francis Collins, M.D., Ph.D., es el director de los Institutos Nacionales de la Salud [National Institutes of Health], la organización para investigación del gobierno estadounidense. En su libro ¿Cómo Habla Dios? (Editorial Ariel, Barcelona), el Dr. Collins declara:

> «Un área de interés público particularmente fuerte es la base genética de la homosexualidad. Evidencia en estudios con gemelos, de hecho, apoya la conclusión de que los factores hereditarios juegan un papel en la homosexualidad masculina. Sin embargo, la probabilidad de que los gemelos idénticos de un hombre homosexual también sean homosexuales es de cerca del veinte por ciento (comparado con entre el dos y el cuatro por ciento de los hombres en la población general), lo que indica que la orientación sexual se ve genéticamente influenciada, pero no que esté integrada en el ADN, y que los genes que estén involucrados representan predisposición, no predeterminación.»

Los doctores Neil y Briar Whitehead, en su libro irónicamente titulado *Mis genes me obligaron: Una perspectiva científica de la orientación sexual* [*My Genes Made Me Do It: A Scientific Look at Sexual Orientation*], refuta los estudios que intentan proponer una base genética, biológica u hormonal para la AMS (http://mygenes.co.nz/download.htm).

Sexualidad y Género: Descubrimientos de las Ciencias Biológicas, Psicológicas y Sociales [*Sexuality and Gender: Findings from the Biological, Psychological, and Social Sciences*] fue publicado en The New Atlantis por Lawrence S. Mayer, Ph.D. y Paul McHugh, M.D., en 2016 (www.thenewatlantis.com). Este estudio, conducido por científicos de la mundialmente renombrada Universidad Johns Hopkins, es un metaanálisis de datos de más de 200 estudios, revisados por expertos, en cuanto a los temas de «orientación sexual» e «identidad de género» Es el estudio más objetivo, exhaustivo y completo sobre estos temas a día de hoy. Puntos a destacar del estudio:

- El concepto de la orientación sexual como una característica innata y establecida a nivel biológico de los seres humanos, la idea de que la gente «nace así», no está respaldada por la evidencia científica (página 7 del texto original [en Inglés] y Parte Uno: Orientación Sexual)
- La orientación sexual en la adolescencia puede fluir comparada con la orientación sexual a lo largo de la vida para ciertas personas, con un estudio estimando que hasta un 80 por ciento de los adolescentes varones que han reportado atracciones por el mismo sexo dejan de hacerlo una vez son adultos (página 7 del texto original [en Inglés] y Parte Uno)

- En comparación a los heterosexuales, los no heterosexuales tienen una probabilidad entre dos y tres veces mayor de haber experimentado abuso sexual en la infancia (página 7 del texto original [en Inglés] y Parte Uno).
- Comparados con la población general, las subpoblaciones no heterosexuales tienen un riesgo elevado de sufrir variedad de afecciones de la salud física y mental (página 8 del texto original [en Inglés] y Parte Dos: Sexualidad, Afecciones de Salud Mental y Estrés Social).
- Se estima que los miembros de la población no heterosexual tienen un riesgo 1,5 veces superior, de experimentar desórdenes de ansiedad social, que los miembros de la población heterosexual. También tienen en torno al doble de riesgo de depresión, 1,5 veces más de riesgo de abuso de sustancias, y cerca de 2,5 veces de riesgo de suicidio (página 8 del texto original [en Inglés] y Parte Dos).
- La hipótesis de la identidad de género como una característica independiente del sexo biológico, innata y fija de los seres humanos, es decir, de que una persona pueda ser «un hombre atrapado en un cuerpo de mujer» o «una mujer atrapada en el cuerpo de un hombre», no está respaldada por la evidencia científica (página 8 del texto original [en Inglés] y Parte Tres: Identidad de Género)

- Los miembros de la población transgénero también se encuentran en un riesgo mayor de problemas de salud mental comparados con los miembros de la población no transgénero. Especialmente alarmante, la tasa de intentos de suicidio en todas las edades de los individuos transgénero se estima de un 41%, en comparación a menos de un 5% de la población general de Estados Unidos (página 8 del texto original [en Inglés] y Parte Dos).
- Los estudios que comparan las estructuras cerebrales de individuos transgéneros y no transgénero… no proporcionan evidencia alguna para una base neurobiológica para la identificación de género opuesto (página 8 del texto original [en Inglés] y Parte 3: Identidad de Género).
- Comparados con la población general, los adultos que se han sometido a cirugía de reasignación sexual siguen teniendo un riesgo superior de experimentar resultados negativos en cuanto a su salud mental. Un estudio descubrió que, comparados con los miembros del grupo de control, los individuos con sexo reasignado eran cinco veces más propensos a intentar suicidarse y tenían una probabilidad cercana a 19 veces mayor de que el suicidio fuera la causa de su muerte (página 9 del texto original [en Inglés] y Parte Tres).

- Solo una minoría de los niños que experimentan identificación con el género opuesto durante su infancia seguirán haciéndolo en su adolescencia o edad adulta (página 9 del texto original [en Inglés] y Parte Tres).
- No existen evidencias de que convenga animar a todos los niños que expresan ideas o comportamientos atípicos para su género a volverse transgénero (página 9 del texto original [en Inglés] y Parte Tres).

No Hay (Todavía) Un Gen Gay, 2019

Hablemos de este estudio publicado en la revista Science en 2019. Los investigadores pertenecían a Harvard y al MIT. Los sujetos de estudio fueron 470.000 personas que se identificaban como gay. Dieron permiso para el análisis de su ADN. El estudio fue 100 veces más amplio que ningún grupo estudiado previamente. Su conclusión fue que no hay forma de observar el ADN de alguien y predecir si son gays o heterosexuales (https://www.harvardmagazine.com/2019/08/there-s-still-no-gay-gene https://www.nature.com/articles/d41586-%20019-02585-6).

PARTE I: LA RUTA DE LA SANIDAD

El significado detrás de la atracción del mismo sexo

El Auténtico Significado de la Atracción por el Mismo Sexo (AMS)

La homosexualidad es un síntoma de:

- Heridas del pasado nunca sanadas (diez potenciales causas)
- Necesidades amorosas insatisfechas
- Un impulso restaurativo para saciar necesidades amorosas homo emocionales y/o homo sociales

La homosexualidad es, en esencia, una condición emocional:

- Necesidad del amor del progenitor / los pares del mismo género
- Necesidad de identificación del género
- Miedo a la intimidad con los miembros del sexo opuesto

La AMS representa una falta de identidad de género, debida a:

- Desapego del progenitor del mismo género
- Desapego de los pares del mismo género
- Desapego del propio cuerpo
- Desapego del propio género

© Richard Cohen, M.A., 2023

Como pronto descubrirás, existen múltiples factores que contribuyen a que un niño o niña desarrolle sentimientos homosexuales. Muchos terapeutas profesionales, incluyéndome a mí, hemos observado que la mayoría de hombres y mujeres con AMS son individuos de alta sensibilidad, hipersensibles o PAS. Por lo tanto, experimentan los eventos y las relaciones más profundamente que otros niños. Este temperamento de hipersensibilidad a menudo lleva a estos niños y niñas a percibir rechazo por parte de sus padres, sus pares, sus familiares y/o sus amigos. Esta percepción se convierte en su realidad: «No encajo. Soy diferente. No pertenezco» Estas son a menudo las creencias esenciales de los niños y adolescentes que experimentan AMS.

Si eres padre de un niño con AMS, por favor, no te culpes. Esto no trata de encontrar a quién echar la culpa. Mi único propósito en identificar lo que puede haber ocurrido es lograr la sanidad y la reconciliación. El conocimiento es poder. Comprender el sentido más profundo que se oculta tras los sentimientos homosexuales es instrumental para proporcionar un cambio duradero.

1. La homosexualidad es un síntoma de:

- Heridas abiertas del pasado (ver «diez causas potenciales»)
- Necesidades afectivas insatisfechas
- Un impulso restaurativo para satisfacer necesidades de amor homo emocionales y/o homo sociales

Los sentimientos, pensamientos y deseos homosexuales son síntomas de problemas subyacentes. Representan (1) una respuesta defensiva contra conflictos del presente, como forma de aliviar el dolor. (2) Trauma infantil sin resolver, emociones y heridas que nunca se curaron. Y (3) un impulso restaurativo para satisfacer necesidades de amor homo emocionales (vínculos con un padre del mismo género, es decir, padre/hijo, madre/hija) y/o necesidades de amor homo sociales (vínculos con los pares del mismo género, es decir, chicos con chicos, chicas con chicas).

Por «impulso restaurativo» nos referimos a que el individuo que experimenta AMS está buscando obtener el amor que no experimentó en la temprana infancia y adolescencia, y lo hace intentando conectar con alguien de su mismo género. Necesito enfatizar que este impulso restaurativo es, la gran mayoría de las veces, completamente inconsciente. La doctora Elizabeth Moberly acuñó el concepto, posteriormente desarrollado por el doctor Joseph Nicolosi Sr., de necesidad amorosa homo emocional.

> «Se sugiere, por lo tanto, que es precisamente este impulso restaurativo el que está involucrado en el impulso homosexual; es decir, que este impulso es motivado esencialmente por la necesidad de corregir carencias tempranas en la relación padre/hijo. Esta persistente necesidad del amor de alguien del mismo sexo brota de, y es correlativa

con, la necesidad amorosa temprana, insatisfecha por el padre del mismo sexo, o más bien, de la incapacidad de recibir dicho amor, fuera este ofrecido o no. Este distanciamiento defensivo y su correspondiente impulso de un vínculo renovado implican que la condición homosexual es una de ambivalencia hacia el mismo sexo.» Elizabeth R. Moberly, *Homosexualidad: Una Nueva Ética Cristiana* [*Homosexuality: A New Christian Ethic*] (Cambridge, UK: Lutterworth Press, edición revisada, 2006), 6.

2. La homosexualidad es esencialmente una condición basada en emociones:

- Necesidad del amor de los progenitores y los pares del mismo género
- Necesidad de identificación de género
- Miedo a la intimidad con los miembros del sexo opuesto

Obtenemos nuestro sentido de identidad de género, la masculinidad para un hombre y la feminidad para una mujer, mediante el establecimiento exitoso de vínculos con nuestro progenitor del mismo género, y entonces con parientes y pares del mismo género. La mayoría de casos recogidos de quienes experimentan AMS demuestran que los sentimientos homosexuales se originan en la infancia temprana y la pre adolescencia.

Cuando tiene entre un año o un año y medio y tres años, el niño empieza a gatear, caminar y entonces a hablar. Esta etapa del desarrollo es reconocida como un momento de separación e individuación. El niño empieza a darse cuenta de que es distinto de mamá, que es un individuo, único y aparte de la madre. A esta época se le llaman también los terribles (o tremendos) dos años, y la palabra clave es «No». «No» esencialmente significa que «yo no soy tú, yo soy yo, y soy diferente de ti» Sin embargo, el niño varón tiene una tarea de desarrollo extra en este momento. Se da cuenta de que sus genitales son diferentes de los de su madre. ¿A quién se parece él, a quién se asemeja?

El niño debe entonces identificar su género con el de su padre, su modelo a seguir de masculinidad. Si el padre está ausente, distante o es abusivo, otro mentor masculino puede ayudar a salvar esa brecha para el hijo. Si no hay una presencia masculina fuerte en la vida del pequeño, puede continuar identificando su género con el de su madre, internalizando su sentido de feminidad. Esta es una razón por la que muchos hombres que experimentan AMS afirman «desde que era niño, experimenté sentimientos homosexuales» Nunca se individuaron con éxito de sus madres ni identificaron su género con el de sus padres. Por otra parte, la hija, incluso a medida que se separa y se individua de su madre, seguirá identificando su género con el de mamá como su modelo primario a seguir en feminidad. Se individua a la vez que continúa emulando los comportamientos de su madre. En el caso de una hija con AMS en potencia, puede que haya temido o detestado a su madre y, por lo tanto, no internalizó con éxito su propio sentido de feminidad (ver otras causas listadas más abajo).

> «Justo cuando él desarrollaba su sentido de la masculinidad y era especialmente receptivo a la influencia del padre, el chico pre homosexual experimentó un dolor o una decepción en su relación con su padre. Para protegerse de futuros daños, el chico desarrolló una postura defensiva, caracterizada por el distanciamiento emocional. No solo no logra identificarse con el padre, sino que debido a esta herida, rechaza al padre y a la masculinidad que éste representa.» Joseph Nicolosi Sr., *Terapia Restaurativa de la Homosexualidad Masculina: Un Nuevo Enfoque Clínico* [*Reparative Therapy of Male Homosexuality: A New Clinical Approach*] (Northvale, NJ: Jason Aronson, Inc., 1991, Liberal Mind Publishers, edición actualizada, 2020), 105.

La atracción por el mismo sexo a menudo representa una búsqueda de una paternidad saludable; un hombre busca amor paternal en brazos de otro hombre, y una mujer busca amor maternal en brazos de otra mujer (por supuesto, este impulso es, la inmensa mayoría de las veces, inconsciente). También puede representar una necesidad de vínculo con los pares del mismo género, porque estos hombres y mujeres nunca experimentaron un vínculo fructífero con su mismo género en los años de desarrollo preadolescente y/o adolescente. Entonces, durante la pubertad, estas necesidades normales de vinculación e intimidad con el progenitor o los pares de su mismo sexo son sexualizadas y/o erotizadas. En este punto, el mundo tiende a decirle a estas personas: «Naciste gay», o «Eres lesbiana de nacimiento» Esta designación es falsa.

Designar a la gente con palabras como gay, lesbiana, bisexual o transgénero no solo es falso: también carece de una comprensión adecuada de la situación. Nacemos como hombre o como mujer, como hijo o como hija. Quienes experimentan AMS están simplemente atascados en las etapas tempranas del desarrollo psicosexual. Cuando resuelven los problemas del pasado y se cubren las necesidades afectivas insatisfechas en relaciones saludables, no sexuales, con el mismo sexo, desarrollarán de forma natural deseos por el sexo opuesto. Todos hemos sido diseñados heterosexualmente (de nuevo: hombres y mujeres encajan de forma hermosa y perfecta; biológicamente, dos hombres o dos mujeres simplemente no lo hacen).

Si un hombre busca unirse sexualmente con otro hombre, significa que hay una carencia sentida en su interior. No experimenta la plenitud de su propia masculinidad. Uniéndose con otro hombre, espera completar esa parte perdida de sí mismo. Lo mismo es cierto para una mujer que busca unirse sexualmente con otra mujer. Esos anhelos representan la profunda necesidad de un niño interior: una necesidad de experimentar amor y una conexión segura con alguien del mismo género, para restaurar esa carencia de amor. Sin embargo, las relaciones sexuales nunca saciarán esa necesidad amorosa, porque esa necesidad es la de un niño, y los niños ni quieren ni necesitan sexo.

En muchos casos, los hombres que experimentan AMS han estado excesivamente vinculados a sus madres y distanciados de sus padres y de la masculinidad que ellos representan. Como resultado de su cercanía a la mamá y su desapego del papá, el hijo se vuelve internamente más femenino en su naturaleza (la investigación revela que cerca del 85% de los hombres adultos que experimentan AMS tenían una relación de estrecho vínculo e intimidad con sus madres). En la edad adulta, esto puede bloquear su capacidad de tener una relación heterosexual exitosa con otra mujer, debido a este vínculo excesivo y a la identificación con lo femenino (recordemos que los opuestos se atraen). Lo mismo puede ocurrir con la hija excesivamente vinculada a su padre y desconectada o desidentificada de su madre. Internaliza la masculinidad de su padre y rechaza la feminidad de su madre. Puede pasarse el resto de su vida buscando ese amor perdido y ese sentido de conexión con la feminidad en los brazos de otras mujeres.

«En un popular escenario del varón homosexual, es el hijo de una mujer infelizmente casada cuya relación malsana y absorbente con él puede bordear en lo incestuoso. Aunque simbólicamente se convierte en «el amorcito de su madre», ella puede sofocar la masculinidad embrionaria del muchacho para que la relación no se vuelva manifiestamente incestuosa. Sin importar lo lejos que llegue esto, él tendrá sentimientos de culpa. Más tarde, como adulto, asocia esta culpa a todas las mujeres, porque le recuerdan a su 'madre prohibida', y por lo tanto, no deben ser tocadas. Muchos homosexuales varones confiesan sus fuertes vínculos con sus madres, comenzando en la temprana infancia con padres ausentes, débiles, con fuertes tendencias al aislamiento o extremadamente severos. A través de este apego, se 'identifican' con mujeres y buscan los mismos desahogos sexuales que las mujeres.» Robert Kronemeyer, *Superar la Homosexualidad* [*Overcoming Homosexuality*] (New York City: NY, Macmillan Publishing Co., Inc., 1980), 60-61.

Muchas mujeres que experimentan AMS pueden también haber sido abusadas sexual, física, emocional o psicológicamente por hombres, y/o ser hipersensibles. Queriendo evitar experimentar de nuevo abuso por parte de hombres, muchas se vuelven a otras mujeres en busca de afecto, consuelo y amor. Es interesante señalar que el porcentaje de violencia doméstica es superior entre las parejas lésbicas de lo que lo es en la población heterosexual. ¿Por qué? Detrás de las apariencias, estas mujeres son niñitas heridas que fueron violadas, y que trasladan su agresión y su dolor sin resolver la una a la otra.

El padre de Cathy, una mujer con AMS, había sido infiel muchas veces. Era escandaloso, iracundo, reprobador y estricto. Cathy desarrolló ansiedad al estar cerca de su padre, y también de otros hombres y, por tanto, se volvió a las mujeres para sus necesidades afectivas, buscando seguridad en sus brazos. Los padres de otra mujer con AMS, Bárbara, estaban constantemente ocupados. Se sentía invisible para ellos. Se aferró a sus hermanos varones en busca de atención y afecto, pese a que la maltrataban y abusaron de ella. Bárbara tenía miedo de exponer su corazón a cualquiera, y anhelaba el abrazo de una mujer.

La psicóloga Janelle Hallman, en su emblemático libro *El Corazón de la atracción por el mismo sexo en la Mujer»* [*The Heart of Female Same-Sex Attraction*] (Westmont, IL: InterVarsity Press, 2008), menciona cuatro perfiles tipo de mujeres que experimentan AMS. «Éstos son principalmente de naturaleza descriptiva y no deberían interpretarse de forma rígida: sin duda, muchas mujeres pueden identificarse más con un perfil que con otro, pero muy probablemente vean también aspectos de sí mismas reflejados en los demás perfiles.» Hallman, 159.

- «**Perfil 1: Vacía, Deprimida, Retraída y Aislada.** Estas mujeres a menudo tienen profundos déficits en su desarrollo, fruto de ausencia o negligencia emocional, tanto percibida como real. Sus necesidades físicas básicas fueron atendidas; sin embargo, interiorizaron el mensaje de que su existencia era un inconveniente y una molestia. Sus vidas son seriamente solitarias y vacías. Tienen unas pocas amistades, pero esas relaciones carecen de reciprocidad. Se sienten más vinculadas a objetos o animales que a personas. Están incómodas en su propia piel y saben que no son 'normales', al menos en contextos sociales. Pueden mostrar una marcada incapacidad para seguir los indicios sociales comunes, o asimilar, y mucho menos articular, dinámicas interiores emocionales o psicológicas. A menudo tienen sobrepeso y tienden a ser anodinas en su apariencia.» Hallman, 160.
- «**Perfil 2: Dura, Iracunda, Sarcástica y Blindada.** Estas mujeres a menudo tienen las peores historias de trauma y abuso, con frecuencia involucrando grave abandono físico o emocional, aunque no siempre es el caso. Para algunas, los entornos en los que se criaron no eran hostiles; sin embargo, estas mujeres se sintieron y fueron afectadas negativamente por las disfunciones relacionales subyacentes dentro del sistema

familiar. Ambos grupos de mujeres acarrean una profunda creencia de que el mundo no es seguro. Quienes entran en este perfil han confiado en la dureza (en vez de en el aletargamiento que hallamos entre las mujeres del perfil 1) para proteger sus corazones vulnerables. A menudo sufren un desengaño abrumador al descubrir que este método de supervivencia, de severa actitud a la defensiva, en realidad las priva de poder intimar. A diferencia de las asociadas al perfil 1, pueden sentir su agonía interna, por tanto, se intensifica, y agresivamente se 'extirpan' toda vulnerabilidad. Trabajan duro, pero son exigentes; son impacientes pero también profundamente comprometidas. Si deciden que eres alguien seguro, harán cualquier cosa en el mundo por ti. Tienen una infinita capacidad para preocuparse por otros y cuidarles, al mismo tiempo que niegan sus propias necesidades.» Hallman, 165.

- «**Perfil 3: Energéticas, Cuidadoras, Dramáticas y nunca en 'casa'.** A pesar de que estas mujeres tienen menos probabilidad de tener un trasfondo con el típico trauma o negligencia, en comparación con las mujeres asociadas a los perfiles 1 y 2, siguen sufriendo por dinámicas relacionales severas, sutiles y negativas, como enredos familiares o roles de género rígidos en su familia de origen. Debido a sus sintonizadas sensibilidades, y quizás a sus necesidades relacionales más profundas, sienten que nunca han sido reconocidas o afirmadas como alguien especial, especialmente de pequeñas. Aunque se sienten próximas y amadas, también se sienten obligadas a dar apoyo o cuidar de otros miembros de la familia, incluyendo a mamá y papá. Sin embargo, sus necesidades básicas suelen estar atendidas, y experimentan el mayor grado de estabilidad entre los cuatro perfiles. Son mujeres activas, a menudo atléticas, y típicamente sobresalientes.» Hallman, 170.

- «**Perfil 4: Pragmática, Perfeccionista, Distante y Arrogantemente Segura.** Las mujeres de este perfil tienen diversos trasfondos, pero típicamente compensan sus pérdidas y se defienden de su dolor, evitando toda vulnerabilidad e identificándose con su capacidad para procurar la excelencia y el éxito. A menudo son quienes traen cambios y avances en su campo de especialidad y encuentran su prestigio mediante logros. Son muy inteligentes y extremadamente dotadas. Pero puesto que a menudo son tan exitosas, también son arrogantes y despectivas con otras personas (especialmente con hombres). Pueden usar inconscientemente a otras personas para servir a su propio propósito o satisfacer sus propias necesidades.» Hallman, 176.

La Dra. Hallman concluye apelando a su lector: por favor, no reduzcas a una mujer con AMS a un perfil. En ella hay más que una simple descripción. El único propósito útil de estas categorías es aprender cómo atender a cada mujer en su proceso de sanación.

Me gustaría que pudieras leer su libro si estás interesado en una comprensión más exhaustiva de la AMS femenina.

3. La AMS representa una carencia de identificación de género, causada por:

- Desapego del progenitor del mismo género
- Desapego de los pares del mismo género
- Desapego del propio cuerpo
- Desapego del propio género

La AMS a menudo representa el desapego entre el individuo y su progenitor y/o sus iguales del mismo género. Si un chico no se vincula lo suficiente con su padre y/o con otros familiares o iguales varones, entonces rechaza su propia identidad de género, no queriendo comportarse como su padre y/o los demás chicos. Después de que esto ocurra y la pubertad dé inicio, sus necesidades emocionales de conexión pasan a estar sexualizadas. Así se construye la AMS e incluso una identidad gay. Se trata de niños y niñas con cuerpos ya adultos o cuerpos adolescentes buscando esa conexión a través de relaciones sexuales. Un comportamiento que no puede resolver y no resolverá sus necesidades profundas.

PARTE I: LA RUTA DE LA SANIDAD

Diez Causas Potenciales de la AMS

Al haber salido yo mismo de la homosexualidad y al haber ayudado a otros a hacer lo mismo, comprendo esa condición en profundidad. Durante las últimas cinco décadas, he leído incontables estudios y libros sobre la etiología y el tratamiento de la homosexualidad egodistónica. De nuevo, la AMS no trata de AMS ni de sexo. No existe tal cosa como alguien que *es* homosexual (como sustantivo, como identidad). Solo hay personas que experimentan atracción por el mismo sexo y/o practican comportamientos homosexuales (como adjetivos que describen un sentimiento o un comportamiento).

La siguiente lista contiene diez causas potenciales que pueden llevar a un individuo a experimentar AMS (ver la tabla a continuación). Es una combinación de temperamento innato, relaciones familiares y factores ambientales, lo que puede conducir a un individuo a experimentar AMS; nunca un solo factor. Los padres no inculcan AMS en sus hijos. Es la percepción del niño de su paternidad, combinado con su temperamento innato, p. ej. hipersensibilidad, lo que marca la diferencia. Puedes leer historias de transformación en *Comprender y sanar*, y ver, leer o escuchar maravillosas historias de cambio en http://www.voicesofchange.net.

GUÍA PARA TERAPEUTAS

Variables Potencialmente Causantes de la Atracción por el Mismo Sexo

Herencia	Temperamento	Heridas Hetero Emocionales	Heridas Homo Emocionales	Heridas causadas por hermanos / Dinámicas familiares	Heridas sobre la Imagen Corporal	Abuso Sexual	Heridas Sociales o de los Pares	Heridas Culturales	Otros Factores
Bendiciones y Maldiciones Generacionales	Hipersensibilidad	Apego excesivo al progenitor del sexo opuesto	Carencia de apego por el progenitor del sexo opuesto	Abuso mental, emocional, físico y/o sexual	Pubertad tardía	Sexualización prematura	Insultos	Pornografía en Internet	Divorcio
Asuntos Familiares Sin Resolver	Difícil de Contentar				Discapacidades físicas		Desprecios		Muerte
	Naturaleza Artística	Abuso mental, emocional, físico y/o sexual	Abuso mental, emocional, físico y/o sexual	No encajar		Impronta homosexual	Favorito de los maestros	Promoción del sexo en la industria de los medios y el entretenimiento	Suicidio
Hombres resentidos con mujeres, mujeres resentidas con hombres	Conducta no acorde al género				Demasiado Bajo / Alto		"Buenecito"		Adicciones: alcohol, drogas, sexo, juego, etc.
	Varón más femenino	Hijo con rol de padre: inversión de roles entre hijo y progenitor	Hijo con rol de padre: inversión de roles entre hijo y progenitor	No pertenecer	Demasiado Grueso / Flaco	Comportamiento aprendido / reforzado	Empollón	Sexualización de necesidades legítimas de afecto	Experiencia intrauterina: vinculación insegura
Problemas de Salud Médica/Mental				Diferente de los demás	Problemas de color de piel		No ser atlético		
Dificultades Financieras	Mujer más masculina	Nacido con el sexo incorrecto	Nacido con el sexo incorrecto	Bullying / abuso verbal	Falta de coordinación mano / ojo	Sexo empleado como sustituto del amor	Carencia de identificación de género y/o de conductas impropias de su género		Adopción
Predilección por el Rechazo									Guerra / Genocidio
Prejuicio racial, étnico, religioso		Imitación de comportamiento		Nacido con el sexo incorrecto					Religión: creencias tóxicas

La gravedad del daño en cada categoría influirá de forma contundente en la cantidad de tiempo y esfuerzo que serán necesarios para sanar.

Richard Cohen, M.A. © 2023

PARTE I: LA RUTA DE LA SANIDAD

1. Herencia

- Problemas familiares sin resolver
- Percepciones erróneas
- Tendencia a sentirse rechazado/a

«Se asume [en la Teoría de Sistemas Familiares Intergeneracionales y Transgeneracionales] que los patrones relacionales se aprenden y se transmiten a lo largo de las generaciones, y que el individuo actual y el comportamiento familiar son un resultado de estos patrones.» James Bray y Donald Williamson, *Evaluación de las Relaciones Familiares Intergeneracionales* [Assessment of Intergenerational Family Relationships], Terapia de Familia de Origen (Rockville, MD: Aspen Publishers, 1987), 31.

En la terapia de sistemas familiares, es bien sabido y aceptado que los problemas sin resolver y los comportamientos disfuncionales de las generaciones previas se transmiten a los miembros posteriores de la familia. En el centro de un individuo que experimenta AMS hay un sentido de no pertenencia, de no encajar, y de sentirse diferente a los demás. Estas ideas y sentimientos pueden ser transmitidas por los familiares, durante muchas generaciones, dependiendo de sus circunstancias de vida, su cultura, su religión, su raza y su grupo étnico.

«Recientes avances en los campos de la biología celular, la neurociencia, la epigenética y la psicología del desarrollo mental subrayan la importancia de explorar al menos tres generaciones de la historia de la familia de cara a comprender el mecanismo tras los patrones de trauma y sufrimiento que se repiten.» Mark Wolynn, *Este dolor no es mío: Identifica y resuelve los traumas familiares heredados* (Gaia Ediciones, 2017).

Lo que hemos observado, tanto yo como otros terapeutas de orientación sexual, es que los hombres y mujeres que experimentan AMS son altamente susceptibles al rechazo, real o percibido, debido a múltiples razones, que pueden derivar de problemas generacionales sin resolver. Por supuesto, esto no causa ni en niños ni en niñas, por sí solo, atracción por el mismo sexo; es solo un factor de los muchos que contribuyen.

Al mismo tiempo, el campo emergente de la epigenética (literalmente «sobre» o «encima de» nuestros genes) ha demostrado que si bien heredamos de nuestros padres al nacer un genoma firmemente establecido y fijado (y transmitimos el nuestro a nuestros hijos de la misma manera), los genes que componen nuestra secuencia de ADN son en sí mismos dinámicos y activos. Se activan o desactivan ante señales de nuestro entorno, incluyendo nuestras emociones y experiencias vitales. La expresión epigenética de los genes sugiere que podemos heredar de nuestros antepasados y transmitir a nuestros descendientes, experiencias tan fluidas y flexibles como el trauma, la capacidad de autorregulación (o carencia de la misma), y las predisposiciones a dificultades de conducta y de salud mental.

2. Temperamento
- Hipersensible
- Naturaleza artística
- Comportamientos no acordes al género: varón más femenino, mujer más masculina

Según he observado en mi práctica clínica, muchos o la mayoría de hombres y mujeres que experimentan AMS eran hipersensibles desde la infancia. Este temperamento innato les llevó a reaccionar más profundamente a los comportamientos de sus padres, familiares y pares. A menudo sintonizados con las emociones de sus padres, estos niños modifican su comportamiento con frecuencia para evitar el conflicto. En otras ocasiones se vuelven complacientes o cuidadores. Debido a su naturaleza hipersensible, pueden haber actuado más pasivamente y, por tanto, ser incapaces de hacerse valer en relaciones interpersonales. Por supuesto, no todos los niños hipersensibles desarrollarán AMS. Es, de nuevo, solo un factor que contribuye.

Si el niño hipersensible tiene una naturaleza artística, y los padres, familiares o pares no apoyaron este don, puede que haya experimentado aún más rechazo. El niño sensible y dotado, en un entorno insensible y que no le respalda, experimenta estrés y ansiedad desproporcionado.

Y hay un porcentaje aún más amplio de niños, que exhiben lo que llamamos «comportamientos no acordes al género», es decir, un niño que se comporta de forma más femenina y una niña que se comporta de manera más masculina; que están en especial riesgo de recibir rechazo por parte de miembros de sus familias o por sus iguales. Incluso, hoy en día se anima a estos menores a materializar al máximo esas tendencias (el nuevo fenómeno transgénero).

Sin embargo, estos rasgos de carácter o fenotipos conductuales, el niño femenino y la niña masculina, pueden darse en ciertos entornos con el propósito de expresar la necesidad, o de generar la manifestación, de un impulso restaurativo o sanador. Permite que me explique: En vez de pensar «Este niño debería haber nacido niña» o «ella tendría que haber sido un chico», puede que lo que observemos, sea, en realidad, un regalo. El nacimiento de este niño o esta niña, es una oportunidad para sanar las heridas generacionales de desapego entre los padres y sus hijos o las madres y sus hijas, provenientes de generaciones anteriores.

He trabajado con muchos padres de niños pequeños cuyos hijos exhiben comportamientos no acordes a su género. Primero, pregunto sobre la relación entre los padres y todos sus hijos. Entonces procuro comprender al menos tres generaciones de su sistema familiar (padres y abuelos de ambos lados). Y entonces los patrones disfuncionales emergen, lo que ayuda a explicar el nacimiento y el comportamiento de este chico de comportamiento afeminado o chica de comportamiento masculino que llegó para restaurar las relaciones. Entonces se hace más obvio cómo guiar a los padres en su relación de vínculo con este niño o niña.

Los estudios científicos han mostrado que cuando se logra la vinculación y una conexión saludable entre el niño con comportamiento no acorde a su género y su progenitor de su mismo sexo, el resultado es una segura identidad de género (Zucker, K. J., *Niños y Adolescentes con Disforia de Género* [*Children and adolescents with gender dysphoria*]. De Y. M. Binik y K. S. K. Hall (especialistas en educación), *Principios y prácticas de terapia sexual* [*Principles and practices of sex therapy*] (Sexta ed.). New York: Guilford Press, 2020). Véase la página web del Dr. Zucker para más información: https:// www.kenzuckerphd.com.

Por lo tanto, comprendiendo esto, si el padre invierte el tiempo necesario para conectar con su hijo afeminado, para poder ver la vida a través de sus ojos y sus experiencias, y crear una alianza fuerte, eventualmente el niño podrá vincularse con su padre e internalizar la identidad masculina. Y lo mismo es cierto para la madre y su hija de comportamiento más masculino. He ayudado con éxito a muchos padres cuyos hijos exhibían comportamientos no acordes a su género a restaurar sus relaciones y reorientar a sus hijos a su identidad de género original. Puedes encontrar más sobre esto en la sección final del libro.

Como he mencionado, el Dr. Francis S. Collins, director de los Institutos Nacionales de la Salud y ex-director del Proyecto del Genoma Humano, declara que la homosexualidad está «genéticamente influenciada, pero no integrada en el ADN, y que los genes involucrados representan predisposición, no predeterminación» [¿Cómo Habla Dios? (Editorial Ariel, Barcelona)]. Con una intervención sana y saludable de los padres y tutores, el niño o niña experimentará un sentido de su propia identidad de género.

3. Heridas Causadas por el Progenitor del Género Opuesto (Hetero emocionales)

- Sobre-vinculación al progenitor del género opuesto (entrelazamiento)
- Imitación de comportamientos del género opuesto
- Abuso: emocional, mental, verbal, físico y/o sexual

Existe una amplia literatura sobre hijos con un apego excesivo a sus madres y chicas con excesivo apego a sus padres. De nuevo, no es cuestión de echar la culpa a nadie, sino simplemente identificar qué ha tenido lugar con el propósito de tener sanidad. Los doctores Irving Bieber, Charles Socarides, Joseph Nicolosi, Gerard van den Aardweg, Robert Kronemeyer y muchos otros psicólogos y psiquiatras han observado que los hombres que experimentan AMS han tenido un vínculo madre-hijo anormalmente cercano. Tienen inclinación a internalizar el sentido de feminidad de su madre y se vuelven distantes y desligados de la masculinidad representada por sus padres. De forma similar, la hija puede ser más cercana a su padre y distanciada de su madre, internalizando de este modo la masculinidad de su padre y rechazando la feminidad de su madre. En otros casos, la hija ve a la madre como débil y/o inefectiva, y modela su comportamiento basándonos en el progenitor más dominante y poderoso, su padre.

Otro fenómeno puede ser que el niño perciba que sus padres querían un niño del género opuesto. El hijo actúa, por tanto, como una chica, y la hija actúa como un chico, con tal de complacer a sus padres y ganar su aprobación y afecto. Como se ha mencionado, muchas mujeres que experimentan AMS han sido abusadas por hombres, y en su deseo de no repetir esos patrones de relación malsanos, procuran suplir sus necesidades afectivas en mujeres.

4. Heridas Causadas por el Progenitor del Mismo Género (Homo emocionales)

- Desapego del progenitor del mismo género
- Negligencia: carencia de intimidad
- Abuso: emocional, mental, verbal, físico y/o sexual

Discúlpame por la repetición, pero es imperativo comprender esta tarea crítica del desarrollo; la ausencia de una vinculación suficiente entre el hijo y su padre y la hija y su madre está a menudo en el corazón de cualquiera que experimenta AMS (heridas homo emocionales). Algunas de las experiencias de desapego/negligencia pueden deberse a un progenitor iracundo, violento o temible, a un progenitor física o emocionalmente inaccesible, etc. Además, debido al temperamento hipersensible del niño, puede experimentar un sentido de rechazo aún mayor y, por tanto, un mayor desapego hacia el progenitor del mismo género. También, una disparidad de carácter y temperamento entre el padre y el hijo o la madre y la hija a menudo crea el sentir de una herida en el corazón de un niño pre-AMS, por ejemplo: un padre enérgico, varonil a la antigua usanza y orientado a los deportes, y su hijo artístico e hipersensible. Por el motivo que sea, muchos niños que experimentan AMS no formaron vínculos seguros con el progenitor del mismo género. Sin que el progenitor perciba estos indicios, la hija o el hijo se vuelven susceptibles a un mayor rechazo por parte de sus iguales del mismo género. Todo está entonces dispuesto para el potencial desarrollo de la atracción por el mismo sexo y los sentimientos eróticos hacia el mismo género durante o después de la pubertad. Estos deseos representan un medio de lograr un vínculo que nunca tuvo lugar en los años tempranos del desarrollo infantil.

5. Heridas con los Hermanos / Dinámicas Familiares

- Insultos
- Rechazo por parte de hermanos/parientes del mismo género
- Abuso: emocional, mental, verbal, físico y/o sexual

Aún otra variable que puede contribuir al desarrollo de AMS es la vinculación insuficiente con los hermanos y/o parientes del mismo género, es decir, chicos con sus hermanos y parientes varones o chicas con sus hermanas y parientes mujeres. Estos niños hipersensibles a menudo son complacientes, tratando de hacer feliz a todo el mundo a expensas de sus propias necesidades. Durante los últimos 35 años como psicoterapeuta, he oído a muchos padres decir «Mi hijo era el niño perfecto» Bien, los chicos en general, por naturaleza, son más enérgicos y traviesos, y no tan dulces. Sé prudente con los «niñitos buenos»; anímalos a que sean ellos mismos en vez de complacer a todos los demás.

Algunas mujeres que experimentan AMS tuvieron malas relaciones con sus hermanas, y/o vivieron la burla y provocación de los hombres en sus entornos familiares y sociales. Esto deja una profunda herida en sus corazones, al no encajar con sus pares y familiares del mismo género, y/o sentirse heridas por los hombres. Algunos chicos que experimentan AMS crecieron en familias donde todos eran chicas y mujeres, y algunas chicas con AMS crecieron en familias donde todos eran hombres.

Estos factores también pueden contribuir a la confusión de género.

6. Heridas en la Imagen Corporal
- Desarrollo tardío
- Ser más bajo/más alto—más flaco/más grueso
- Discapacidad física

El desarrollo tardío o temprano, las discapacidades físicas, ser más bajo, alto, flaco o gordo; son algunas características que pueden repercutir en heridas sobre la imagen corporal para el chico o la chica pre-AMS. Un chico hipersensible que experimentó un vínculo insuficiente con su padre y un apego excesivo hacia su madre incurre ahora en más problemas de autoestima al ser diferente de otros chicos, p. ej. siendo demasiado alto, demasiado flaco, demasiado bajo, demasiado grueso, o careciendo de inclinaciones atléticas. El resultado puede ser una profunda sensación de inadecuación con su propio género, sintiéndose como si mirara al grupo desde fuera. Si su desarrollo fue tardío, a menudo se sienten diferentes y distanciados de sus pares. La chica pre-AMS puede experimentar pensamientos y sentimientos similares basados en su percepción de su imagen corporal y las opiniones de sus padres, parientes y/o iguales.

7. Abuso Sexual

- Impronta homosexual
- Comportamientos aprendidos y reforzados
- Sustituto para el afecto y el amor

El abuso sexual puede ser otro factor implicado en el desarrollo de la atracción por el mismo sexo; sin embargo, nunca es la única causa. El niño pre-AMS es más susceptible al abuso sexual debido a su falta de vinculación con el progenitor del mismo género y/o con los pares del mismo género. El sexo se convierte en un sustituto o reemplazo de la intimidad emocional y relacional con otros de su mismo género. Si el comportamiento se repite al pasar el tiempo, puede crear un fundamento neurológico para el ulterior desarrollo de la atracción por el mismo sexo en el varón o en la mujer. De nuevo, este es solo otro factor, y no un prerrequisito para experimentar AMS. En mi práctica clínica, y en las prácticas de consejería de muchos colegas, hemos encontrado que aproximadamente un 50% de nuestros clientes habían experimentado algún tipo de abuso sexual en la infancia.

Habitualmente hay una diferencia entre los hombres y mujeres con AMS en lo referente al abuso sexual. En el caso de los chicos, muchos de los que habían padecido heridas en la relación con su padre o con otros varones eran blancos fáciles para el abuso sexual masculino, porque ansiaban esa conexión y ese vínculo seguro con sus papás y/o con otros chicos.

En el caso de las mujeres, por otra parte, muchas chicas que desarrollan AMS, lo hacen tras haber sido abusadas sexualmente por hombres. Posiblemente, buscarán el afecto femenino para aliviar sus heridas y protegerse contra más abusos por parte de los hombres. Puedes leer más al respecto en el libro de la Dr. Janelle Hallman.

8. Heridas con los Pares del Mismo Género (Homo sociales)

- Insultos / Desprecios
- Ser el favorito del profesor
- Un chico poco atlético / una chica inusualmente atlética

En muchos casos, tanto los hombres como las mujeres que experimentan AMS, tienen un profundo sentido de haber sido heridos emocionalmente de forma tremenda por el rechazo de sus pares del mismo género: chicos que no encajaban con los demás chicos y chicas que no encajaban con las otras chicas. A menudo, recibían insultos como «nenaza», «marica», «joto», «mariposón» «machorra», «marimacho» o «bollera» Muchos chicos que experimentan AMS eran niños que pasaban la mayor parte del tiempo con las chicas, y muchas chicas que experimentan AMS solían estar rodeadas de chicos. Mientras que los chicos con AMS eran posiblemente niños con muy poca inclinación atlética y eran provocados y fastidiados por sus pares varones, muchas chicas con AMS eran chicas superatléticas que si se desconectaban de sus pares mujeres, podían verse marginadas. Entonces, durante y/o tras la adolescencia, estas necesidades normales de vinculación con los pares del mismo género fueron sexualizadas. Para una explicación en más profundidad de cómo sexualizamos nuestras necesidades de conexión insatisfechas, lee *Indeseado: Cómo el Quebranto Sexual Revela Nuestro Camino a la Sanidad* [*Unwanted: How Sexual Brokenness Reveals Our Way to Healing*, Stringer, 2018].

Otra fuente de dolor para los niños pre-AMS son los chicos burlándose de esa chica («Qué machorra eres», «Eres un marimacho») y las chicas burlándose del chico («Qué mariquita estás hecho», «Eres como una niña»). No solo reciben desprecio de sus pares del mismo género, sino también de sus pares del género opuesto.

9. Heridas culturales

- Promoción del mito homosexual de «se nace gay y no se puede cambiar»
- Abuso Cultural: los medios de comunicación, la industria del entretenimiento, el sistema educativo, los recursos online y la política, todos afirmando y promoviendo la homosexualidad
- Pornografía

Después de que un chico o chica experimente estas heridas, la falta de conexión con su progenitor del mismo género, con sus pares del mismo género, o incurra en cualquier otro de los factores previamente mencionados, es posible desarrollar una atracción por el mismo sexo durante o después de la adolescencia. Estos momentos o épocas de atracción conducen a sentimientos y deseos homoeróticos. El mundo dice entonces, equivocadamente, «Es que eres gay», «Eres lesbiana», etc.

Tal y como hemos aprendido, este es un paradigma falso que lleva a niños heridos por la senda de la homosexualidad bajo falsos pretextos. Además, dado el comportamiento de los artistas en la industria de la música y el entretenimiento, se está volviendo tendencia adentrarse en la experimentación sexual e identificarse como LGBTQ+, no binario, etc. Muchos niños están siendo criados en familias monoparentales, a menudo careciendo de la atención y el afecto del progenitor de su mismo género. Esto les deja más vulnerables a enrolarse en el falso paradigma LGBTQ+, donde sus necesidades normales de conexión serán erotizadas con miembros de su mismo género.

Los medios de comunicación, el sistema educativo y la industria del entretenimiento, impulsados por el mito homosexual, han creado falsas identidades: LGBTQ+. Pero no existe tal cosa como alguien que «es gay» Solo hay niños y niñas heridos buscando amor en formas que no satisfarán sus necesidades más profundas.

El Movimiento por los Derechos de los Gays ha adoctrinado a la gente para creer el mito de que se trata de algo innato e inmutable («se nace gay y no se puede cambiar»). Entonces, si alguien experimenta AMS en la adolescencia, inmediatamente le etiquetamos como gay o lesbiana, en vez de comprender que hay causas específicas que les llevaron a experimentar AMS. Nadie nace, en esencia, siendo así. Siempre hay razones por las que alguien desarrolla sentimientos homosexuales. (Algunos niños experimentan sexualmente con amigos del mismo género a principios de la adolescencia, pero esto no les hace gays ni hace que estén atraídos por su mismo sexo (AMS).

10. Otros Factores

- Divorcio
- Muerte
- Adopción
- Religión
- Factores espirituales

Existen multitud de otras experiencias potencialmente traumáticas que pueden contribuir al desarrollo de AMS y a la baja autoestima en un chico o chica hipersensible. Si los padres se divorcian, el niño complaciente puede culparse a sí mismo. Si un progenitor muere, el niño puede percibirlo como un rechazo y un abandono hacia su persona. Cuando un niño que afronta estos temas oye acerca de los conceptos de infierno y condenación o de que la homosexualidad es una «abominación» desde el púlpito de su lugar de culto, le empiezan a oprimir sentimientos añadidos de culpa y vergüenza, aplastando a este joven hipersensible.

Si el niño fue adoptado, puede sentirse rechazado por sus padres biológicos y nunca establecer un vínculo seguro con sus progenitores adoptivos (lee el perfil de Greg Lougani en *Saliendo del Armario*). Este sentido de rechazo puede residir en lo profundo del subconsciente, creando un patrón de inseguridad.

> Nota: Muchas personas con un trasfondo de intensa fe creen que puede haber influencias espirituales que instiguen sentimientos homosexuales en muchachos o muchachas, en hombres o mujeres. Incluso si esto tiene validez, es imperativo darse cuenta de que cuando las demás causas potenciales son atendidas, ocurre la sanidad, seguida de un cambio. Ver la AMS estrictamente como un «problema espiritual», no lleva a la persona a sanar completamente ni a alcanzar su innato potencial heterosexual. Como afirma la psicoterapeuta cristiana Jan Frank, «No puedes ni curarte de un espíritu demoníaco, ni 'echar fuera' una herida emocional.»

Una combinación de cualquiera de estos diez factores pueden llevar a un individuo a experimentar AMS: (1) Herencia, (2) Temperamento, (3) Heridas hetero emocionales, (4) Heridas homo emocionales, (5) Heridas con los hermanos y dinámicas familiares, (6) Heridas de autoimagen corporal, (7) Abuso sexual, (8) Heridas sociales y con los pares, (9) Heridas culturales y (10) Otros factores. La gravedad de las heridas en cada categoría tendrá un impacto directo sobre la cantidad de tiempo y esfuerzo que llevará sanar. Por favor, lee *Comprender y sanar la Homosexualidad* para encontrar una explicación más detallada, con numerosas referencias a estudios científicos sobre las diez causas potenciales de la AMS.

Déjame ser perfectamente claro: no estoy diciendo que aquellos que deciden vivir una vida homosexual son malos. Respeto a todos los miembros de la comunidad LGBTQ+ (Lesbianas, Gays, Bisexuales, Transgénero, Queer/Questioning +) y la senda que han escogido. Por mi parte, escogí una senda diferente, un camino mucho menos corriente, mucho menos transitado, y como escribió Robert Frost, «eso marcó toda la diferencia» Lo que deseo comunicar es que la gente no nace con AMS, que nadie simplemente escoge experimentar AMS, y que el cambio es posible para aquellos que sí desean esta opción. El hecho de que haya causas subyacentes de los sentimientos homosexuales y que exista el potencial para el cambio no es algo que se suela publicar abiertamente. Al contrario, durante décadas ha existido un mecanismo mediático fuertemente financiado que ha suprimido toda opción de cambiar.

GUÍA PARA TERAPEUTAS

Las Siete Etapas de «Salir del Armario»

Me gustaría compartir contigo algo que he descubierto: las siete fases que llevan a «salir del armario» como LGBTQ+. Las descripciones siguientes provienen de mi libro *Hijos gay, padres heterosexuales: ¿Qué hacer? Un plan familiar* (Bowie, MD: PATH Press, 2016), 21-27:

- Fase 1 – Causas de la AMS
- Fase 2 – Inicio de la atracción por el mismo sexo
- Fase 3 – Conflicto sobre la AMS
- Fase 4 – Necesidad de pertenencia
- Fase 5 – Adoctrinamiento
- Fase 6 – Aceptación de identidad como gay, lesbiana, bisexual, transgénero, no binario, etc.
- Fase 7 – Proceso de «salir del armario»

Fase 1: Causas de la AMS. Acabo de mencionar los muchos factores que contribuyen para resultar en deseos homosexuales, como perturbación del apego entre padre e hijo o madre e hija (aun cuando esta sea percepción del niño, y no fallo del progenitor), apego excesivo al progenitor del sexo opuesto, hipersensibilidad, carencia de vínculo con los pares del mismo género, heridas causadas por los hermanos, heridas por la cultura, insultos, abuso sexual y/o heridas en la autoimagen. De nuevo, nunca es una sola cosa la que causa la AMS, sino una combinación de variables.

Fase 2: Inicio de la atracción por el mismo sexo. La AMS da inicio en distintas fases y edades para distintas personas, dependiendo de varios factores: el temperamento del niño, su fisiología y percepciones, el historial familiar en momentos particulares, y eventos sociales o culturales. Lo más frecuente es que la erotización de otra persona del mismo género empiece entre los diez y los trece años de edad, alrededor del arranque de la pubertad. En algunos casos, el deseo puede darse más temprano si el niño ha padecido abuso sexual u otro trauma significativo (p. ej. exposición temprana al sexo, divorcio o muerte de un progenitor, introducción a la pornografía online a temprana edad, etc). Para algunos, los deseos homosexuales pueden emerger más tarde, en los años finales de la adolescencia o a principios de la veintena, o en otros casos durante una crisis de la mediana edad. Cada vez más, hay hombres y mujeres casados que están «saliendo del armario« y con frecuencia revelando una larga batalla con la AMS. Estos individuos pueden haber reprimido sus atracciones por el mismo sexo por muchos años, esperando y rezando por que desaparecieran.

Fase 3: Conflicto debido a la AMS. El joven en conflicto interno puede preguntarse: «¿Por qué tengo estos sentimientos? ¿Qué pensarían los demás de mí si supieran que he tenido deseos homosexuales?» Un niño puede preguntarse: «¿Es pecado sentir esto? ¿Dios todavía me ama?» Lo más frecuente es que estos chicos y chicas experimenten tremendos sentimientos de culpa, vergüenza, confusión y soledad. Estas emociones son exacerbadas cuando este joven no es capaz o no está dispuesto a hablar con libertad con alguien de su familia o amigos. Puede que sea parte de una comunidad intensamente religiosa y que dude de si revelar su AMS por temor a ser rechazado y juzgado.

Hoy en día, los niños encuentran fácilmente «respuestas» fuera del círculo inmediato de sus seres queridos y de su comunidad de fe. Acceden a información pro-homosexual o asisten a una reunión de la Alianza Gay-Hetero (AGH) [Gay Straight Alliance (GSA)] en la escuela secundaria o el bachillerato, o a un club LGBTQ+ en la Universidad. La última adición a la nomenclatura LGBTQ+ es que la Q pueda significar que son jóvenes «Queer» (inusual, diferente) o «*Questioning*» (dubitativo, haciéndose preguntas), de modo que personas que tienen una atracción pasajera por alguien del mismo género pueden ser convencidas de que son gays, bisexuales o *queer*.

Como se ha mencionado, algunos niños experimentan con miembros de su mismo sexo al entrar en la adolescencia. Otros han tenido encuentros sexuales bajo los efectos del alcohol o de las drogas, y otros mientras asistían a colegios internos. Esto no hace de estos jóvenes, personas con AMS ni gays. Esto es un comportamiento situacional, y la mayoría de estos individuos procede a desarrollar sentimientos y deseos estrictamente heterosexuales.

Fase 4: Necesidad de pertenencia. La lucha sigue: «No encajo. No pertenezco. No soy como los demás niños» Durante la pubertad, lo que una vez fueron deseos emocionales de vincularse con el progenitor del mismo género y/o con sus iguales del mismo género repentinamente se erotizan. Sin importar lo intenso que pueda sentirse el deseo, es importante recordar que el fundamento de toda AMS son las heridas del pasado sin sanar y las necesidades afectivas sin satisfacer.

Fase 5: Adoctrinamiento. Como podemos ver en la actualidad, a cualquier joven que experimente incluso una mínima atracción por el mismo sexo se le dice: «Naciste gay. Y no puedes cambiar. Esforzarse por cambiar es tóxico y dañino» Estos jóvenes tienen que trabajar muy duro para aceptarse a sí mismos como gays, lesbianas, bisexuales o queer. Este proceso genera pensamientos y sentimientos conflictivos. Creo que aquellos que experimentan AMS saben en un principio, en su consciencia, que el comportamiento homosexual está desalineado con la ley natural. Sin embargo, se les inunda con la idea de que la AMS se determina genética, biológica y hormonalmente: han nacido así y, por lo tanto, no pueden hacer nada para cambiar.

El mito de «se nace gay» se parece mucho al antiguo cuento de «El Traje Nuevo del Emperador» En esta historia, un emperador es engañado. Se le hace creer que habilidosos artesanos están creando hermosos ropajes para él, pero solo podrá verlos si es inteligente. En realidad, ese par de charlatanes no ha fabricado nada. Cayendo en la estafa, el emperador desfila por las calles de la ciudad en ropa interior. Al no querer quedar como necios, todos sus súbditos exclaman: «¡Qué maravillosos ropajes!» Entonces un niño se pone en pie y dice: «¡El emperador está desnudo!» En ese momento, el emperador se da cuenta de que le han tomado el pelo. «Todos deberíamos ser como este niño y decir la verdad», proclama. Así ocurre hoy. La mayoría de nosotros hemos sido engañados, incluso aunque instintivamente sepamos que los humanos hemos sido diseñados heterosexuales.

Fase 6: Aceptación de identidad como gay, lesbiana, bisexual, transgénero, no binario, etc. En este momento los jóvenes en conflicto asumen su AMS y adoptan una identidad gay, lesbiana, bisexual, transgénero, queer o no binaria. Han anestesiado su consciencia mediante el adoctrinamiento social y, finalmente, llega la auto-aceptación. Escuchar el mito homosexual repetido con suficiente frecuencia, con poco o ningún debate, lo establece como un «hecho» En esta etapa, tú y el resto de la sociedad «homofóbica» podéis ser percibidos como el enemigo (una fobia es un temor irracional de algo, no un desacuerdo fundamentado. Los activistas gays han hecho deliberadamente un mal uso de este término). «Tú no lo entiendes. No sabes cómo es ser gay, y cómo es ser discriminado por la sociedad» La mentalidad de nosotros-contra-ellos se refuerza.

Fase 7: Proceso de «salir del armario» A menudo los padres son los últimos en enterarse de la AMS de un hijo, no porque sean los menos importantes para él, sino porque son los más importantes. Los jóvenes confusos sobre su género son especialmente hipersensibles y temerosos del rechazo, así que «salen del armario» primero con sus amigos, profesores o parientes que parezcan más seguros. Están desarrollando un sistema de apoyo, temiendo que mamá y/o papá puedan rechazarles. Finalmente, puede que lo compartan con sus padres: «Por favor, acéptame por quién soy. Soy tu hijo gay. ¡Dios me ha hecho así!» O puede exclamar, furioso: «Si te niegas a aceptarme tal como soy, eres homófobo y no me amas» La verdad es que temen perder el amor de sus padres, y naturalmente los padres temen perder el amor de su hijo.

GUÍA PARA TERAPEUTAS

Cómo Ayudar a Quienes Experimentan AMS Indeseada

A lo largo de mi propio viaje hacia la sanidad, y a lo largo de mi práctica clínica desde 1989, he desarrollado un modelo de recuperación en cuatro etapas que ha demostrado tener éxito para aquellos que experimentan atracción por el mismo sexo indeseada, hayan sido sexualmente activos o no. El mismo protocolo se aplica para ambas poblaciones. Adicionalmente, el matrimonio heterosexual nunca es la solución para alguien que experimenta AMS, porque una mujer nunca puede satisfacer las necesidades homo emocionales y sociales de un hombre, ni un hombre puede nunca satisfacer las necesidades homo emocionales y sociales de una mujer. En el proceso de recuperación, un hombre debe primero sanar con otros hombres, y una mujer debe sanar con otras mujeres.

> «Los intentos de relación heterosexual, o de contacto social con el sexo opuesto, no son la solución para la homosexualidad, puesto que un contacto incrementado con el sexo opuesto no puede hacer nada para satisfacer las carencias con el mismo sexo.» Elizabeth R. Moberly, *Homosexualidad: Una Nueva Ética Cristiana* [*Homosexuality: A New Christian Ethic*] (Cambridge, UK: Lutterworth Press, revised edition 2006), 18.

A lo largo de estos años he tenido básicamente cuatro tipos de clientes:

1) Jóvenes confusos en cuanto a su sexualidad y/o identidad de género.
2) Hombres o mujeres casados (en matrimonios heterosexuales) que desean resolver su AMS indeseada.
3) Personas que vivieron una vida gay/lésbica, no encontraron nunca a la persona o personas adecuadas, y desean explorar la posibilidad de cambiar.
4) Hombres y mujeres movidos por su religión que buscan resolver su AMS indeseada.

Por supuesto, los tres primeros tipos también pueden verse movidos a resolver su AMS indeseada por sus creencias. Antes de que buscara ayuda, algunos de mis amigos bien intencionados me dijeron: «Richard, solo necesitas encontrar a la mujer correcta, y ella te enderezará», o «Tú solo reza lo suficiente, y Dios te quitará esos deseos. Si no, es que estás haciendo algo mal» Bien, desearía que hubiera sido tan simple, pero no lo fue. Recé y recé para que Dios me quitara mi AMS, pero no lo hizo. Me casé, esperando que eso me enderezara, pero mis deseos por el mismo sexo solo se intensificaron. Comprendí que había estado rezando la oración equivocada por más de veinte años. Lo que necesitaba rezar era: «Dios, por favor, revélame el significado tras mis deseos por el mismo sexo» Más tarde, comprendí que Dios podía quitarme mi AMS, pero no sucedió porque estaba conectado con las heridas en mi corazón que requerían sanidad, y con necesidades legítimas de amor que requerían ser satisfechas en relaciones saludables y no sexuales con mentores y amigos heterosexuales.

He dividido este proceso de recuperación en cuatro etapas:

4 Etapas de la Resolución de la Atracción por el Mismo Sexo (AMS) Indeseada

Primera Etapa: Transición (Terapia Conductual)
- Separación de la actividad sexual: lugares de juego, compañeros de juego, juguetes
- Desarrollar una Red de Apoyo
- Edificar la propia dignidad y experimentar su valor en una relación con Dios / un Poder Superior

Segunda Etapa: Arraigo (Terapia Cognitiva)
- Continuar con la red de apoyo
- Continuar edificando la autoestima y experimentando el valor en la relación con Dios
- Desarrollar habilidades: formación en asertividad, habilidades de comunicación, y técnicas de resolución de problemas
- Comenzar la sanidad del niño interior: identificar pensamientos, sentimientos y necesidades

Tercera Etapa: Curar las heridas homo emocional y homo sociales (Terapia Psicodinámica)
- Continuar con todas las tareas de la etapa uno y la etapa dos
- Descubrir y trabajar en las causas raíz de las heridas homo emocionales y homo sociales
- Comenzar/continuar el proceso de duelo, perdonar y aceptar responsabilidades
- Desarrollar/mantener relaciones saludables, sanadoras y no sexuales con el mismo género

Cuarta Etapa: Sanar heridas hetero emocionales y hetero sociales (Terapia Psicodinámica)
- Proseguir con todas las tareas de las etapas uno, dos y tres
- Descubrir y trabajar en las causas raíz de las heridas hetero emocionales y/o hetero sociales
- Continuar con el proceso de duelo, perdonar y aceptar responsabilidades
- Desarrollar relaciones saludables y sanadoras no sexuales con el sexo opuesto, aprender a comprender y a apreciar al sexo opuesto desde la perspectiva del propio género

© Richard Cohen, M.A., 2023

Este es un modelo lineal y de desarrollo. Sin embargo, no funciona tan clara y limpiamente como estoy a punto de describir. El individuo en transición puede pasar de la primera etapa a la tercera, volver a la segunda, y posteriormente pasar por la primera de nuevo. Todo depende del crecimiento, la madurez y las necesidades del individuo.

El beneficio de tener este modelo en cuatro etapas es que representa una hoja de ruta para la recuperación. Si alguien salta de la primera etapa a la tercera, eventualmente necesitará volver a la etapa previa y continuar trabajando y superando los procesos necesarios. Es como alguien que hace un viaje por carretera de Barcelona a Sevilla. En algún punto cerca de Madrid, recuerda una experiencia muy dolorosa que tuvo en la infancia cuando vivía en Zaragoza. Así que toma un vuelo a Zaragoza, se hace cargo de sanar esa herida, y toma otro vuelo para regresar a Madrid. Entonces sigue su camino de Madrid hacia Sevilla.

Puede que pienses que si podía volar de Madrid a Zaragoza, ¿por qué no podía simplemente volar de Barcelona a Sevilla y evitarse todo el trayecto por carretera? No hay atajos en la vida en cuanto a los asuntos del corazón. En el proceso de sanación, está reclamando su yo perdido, aquellas partes de su carácter que había enterrado o no había desarrollado. Esto requiere tiempo, paciencia y un esfuerzo diligente. El precio de recuperar tu propia vida es alto, pero la recompensa es infinita. Sin hacer ese viaje, hoy yo no estaría vivo. Quienes intentan volar sin hacer los deberes de su corazón pueden acabar estrellándose a mitad del viaje.

Como afirmó la psicoterapeuta Jan Frank, «El proceso de sanación va de mal a peor y entonces a mejor» (presentación titulada «Etapas de la Recuperación», conferencia PFOX (Padres y Amigos de Ex-Gays y Gays) [Parents and Friends Of Ex-Gays and Gays], en Fairfax, Virginia, 1998). La gente acude en busca de consejería en medio de una crisis; cuando se sienten muy mal. Cuando descubren la fuente o fuentes de sus problemas, las cosas a menudo empeoran, puesto que experimentan más dolor. Finalmente, las cosas mejoran cuando la sanidad se da y se experimenta amor verdadero.

Una palabra de advertencia para terapeutas, consejeros, coaches, líderes de ministerio y cuidadores: si alguna vez te encuentras trabajando más duro o más involucrado en la terapia que tu cliente, es que algo está mal. Tu trabajo es ser la piqueta, ayudando al cliente a desenterrar las causas de problemas presentes y pasados. Si es que ha de sanar, tu cliente debe coger la pala y hacer su propio esfuerzo. La atracción por el mismo sexo es indicativa de un desarrollo postergado, quedando atascados en alguna etapa temprana de las que componen el desarrollo psicosexual, psicosocial, psicoespiritual y psicológico. Por lo tanto, mucho trabajo consistirá en identificar dónde está la interrupción del desarrollo, ayudar al cliente a que sane sus heridas, y ayudarle en el cumplimiento de las necesidades afectivas insatisfechas. Para que esto ocurra, serán necesarias, instrucción, guía y un reenfoque apropiado de la relación con los progenitores.

Aquellos cuyo trabajo es atender al cliente con conflictos interiores necesitan comprender: 1) las causas de la atracción por el mismo sexo; 2) las cuatro etapas de la recuperación, y 3) la necesidad de satisfacer los procesos del desarrollo en cada etapa. Es por esto que las herramientas y técnicas terapéuticas son importantes. Es necesario seguir las cuatro etapas en el orden correcto para asegurar que el individuo no omita procesos del desarrollo y ponga en entredicho su éxito. (De nuevo, si es necesario, uno puede necesitar saltar de una etapa a otra para ocuparse de asuntos inmediatos, p. ej. un duelo profundo o hacer frente a una situación crítica. Después de completar esto, uno debe regresar a la etapa de sanidad previa).

Un resumen de las cuatro etapas de la resolución

Primera etapa: El individuo debe cortar lazos con la pornografía gay, detener su comportamiento homosexual, poner fin a sus relaciones homosexuales y construir una fuerte red de apoyo de amor saludable. Él o ella necesita desarrollar un sentido del valor propio a través de experimentar una relación personal con Dios/un Poder Superior. Esto es terapia conductual, modificando los comportamientos malsanos y reemplazándolos con fuentes de amor positivas y saludables.

Segunda etapa: El individuo debe desarrollar habilidades para generar felicidad en sus relaciones actuales. Esto es terapia cognitiva, enseñando habilidades de comunicación y de resolución de problemas, dando formación en asertividad y corrigiendo formas de pensar incorrectas. Entonces empieza a trabajar en su niño interior, aprendiendo de sus sentimientos y necesidades y fomentando el amor propio y la compasión. Si un individuo se salta esta etapa, es probable que concluya el tratamiento y se rinda y/o revierta a su comportamiento homosexual.

Tercera etapa: El individuo debe identificar sus heridas homo emocionales y sociales, sanarlas, y satisfacerlas mediante relaciones saludables no sexuales con su mismo género. Esto es trabajo de recuperación psicodinámico, exponiendo las heridas, pasando el duelo del dolor y las pérdidas del pasado, aprendiendo a perdonar y finalmente siguiendo adelante. El resultado es un sentir renovado y empoderado de la propia identidad de su auténtico género.

Cuarta etapa: El individuo debe identificar heridas hetero emocionales y hetero sociales, sanarlas, y satisfacerlas mediante relaciones saludables con el sexo opuesto. El hombre necesita aprender de las mujeres desde una perspectiva masculina, y la mujer necesita aprender de los hombres desde una perspectiva femenina.

La gente siempre me pregunta cuánto tiempo toma completar las cuatro etapas de la recuperación. Todo depende de la severidad de las heridas y de la cantidad de tiempo y energía que el individuo esté dispuesto a invertir en su sanidad. El tiempo medio de tratamiento es entre un año y medio a tres años. Nuestro trabajo como terapeutas es equipar a nuestros clientes con las herramientas y habilidades adecuadas para cuidar de sí mismos a lo largo de sus vidas.

Más tarde voy a detallar aún más estas etapas.

La Sesión Inicial

Cuando alguien viene buscando ayuda y comparte la naturaleza de su situación y de sus conflictos actuales, lo primero que pregunto es: «¿Cuáles son tus objetivos al trabajar juntos en esto?» Bastante a menudo, muchos que buscan consejería no tienen claros sus objetivos. Sin embargo, deben plantearse esta pregunta y responderla. Les hace pensar en qué es lo que quieren y necesitan, y le da al cliente y al profesional que le asiste una dirección clara para su trabajo.

Cuando decidimos trabajar juntos, empiezo por redactar un historial exhaustivo. En general, esto lleva de dos a tres horas, a veces más. Durante este tiempo, el cliente tiene oportunidad de compartir mucho sobre su vida, muchas cosas que nunca ha compartido con nadie antes. Esto da al terapeuta/coach una perspectiva «a vista de pájaro» que abarca el sistema familiar multigeneracional y muchos otros factores que han contribuido al problema, a los que será necesario que se dirija a lo largo del camino de la recuperación.

En vez de revisar la historia durante dos o tres sesiones, el terapeuta puede enviar al cliente el Cuestionario de Historia Familiar por email. Se le debe pedir que responda a cada pregunta de forma sucinta, con un máximo de 8 páginas. Además, le pido que dibuje un genograma de tres generaciones (hay ejemplos de genogramas fácilmente accesibles en línea). Le muestro al cliente un ejemplo de genograma: comenzando con los abuelos paternos y maternos, los padres y hermanos del cliente, y las familias del propio cliente y sus hermanos (si las hay). Es muy interesante ver cuánto sabe o ignora el individuo sobre sus padres y abuelos. Esto, en sí mismo, puede ser muy revelador sobre las relaciones familiares, o carencia de ellas.

PARTE I: LA RUTA DE LA SANIDAD

Cuestionario de historia familiar

Sección Uno:

1. Nombra a los progenitores de tu padre (tu abuelo y abuela paternos) y nombra a los hermanos de tu padre por orden de nacimiento del mayor al más joven, incluyendo a tu padre. Incluye el año en el que nació cada uno de ellos (tanto los abuelos como los hermanos). Identifica quién se casó o estuvo casado con quién, y quienes puedan haber fallecido. Incluye también si hubo abortos, o pérdida de bebés, bebés nacidos muertos, o fallecimientos infantiles.
2. Nombra a los progenitores de tu madre (tu abuelo y abuela maternos) y nombra a los hermanos de tu madre por orden de nacimiento del mayor al más joven, incluyendo a tu madre. Incluye el año en el que nació cada uno de ellos (tanto los abuelos como los hermanos). Incluye el año en el que nació cada uno de ellos (tanto los abuelos como los hermanos). Identifica quién se casó o estuvo casado con quién, y quienes puedan haber fallecido. Incluye también si hubo abortos, o pérdida de bebés, bebés nacidos muertos, o fallecimientos infantiles.
3. Nombres de tus padres, hijos y año de nacimiento de cada uno (tus hermanos y tú). Anota si tus

hermanos están casados, y el nombre o nombres de sus cónyuges y el número de hijos.
4. Incluye la edad, nombre y género de cada uno de tus hijos (si estás casado). Si hubo un aborto, espontáneo o provocado, un bebé nacido muerto u otro fallecimiento de infante, te ruego que también los incluyas. Anota su orden de nacimiento, el año en el que nacieron, y si corresponde, cuando fallecieron.

Sección Dos:

1. Describe la relación entre tu padre y su padre, tu padre y su madre, tu padre y sus hermanos (si los tuvo), y tu padre y cualquier otra persona de relevancia en su vida cuando estaba creciendo. Incluye los nombres y el orden de nacimiento de todos los hermanos de tu padre.
2. Describe la relación entre el padre y la madre de tu padre, del pasado al presente.
3. ¿Dónde vivía la familia de tu padre? ¿Dónde creció?
4. ¿Cuál era su trasfondo étnico? ¿Cuál era su trasfondo religioso?
5. Describe la relación entre tu madre y su padre, tu madre y su madre, tu madre y sus hermanos (si los tuvo), y tu madre y cualquier otra persona de relevancia en su vida durante su infancia y

adolescencia. Incluye los nombres y el orden de nacimiento de todos los hermanos de tu madre.
6. Describe la relación entre el padre y la madre de tu madre, del pasado al presente.
7. ¿Dónde vivía la familia de tu madre? ¿Dónde creció?
8. ¿Cuál era su trasfondo étnico? ¿Cuál era su trasfondo religioso?
9. Asegúrate de describir cualquier problema o evento importante, tanto en el lado paterno como en el materno de la familia; como experiencias de guerra, inmigración, abuso sexual, abuso físico, abuso mental y/o emocional, adicciones a drogas, alcoholismo o adicciones sexuales, adicciones al juego, desórdenes alimenticios, problemas sexuales, depresiones graves, divorcio, suicidio, violación, asesinato, robo, autismo, abortos, homosexualidad, adopción, mudanzas, etc.

Sección Tres:

1. Describe tu relación con tu padre; del pasado (desde tus recuerdos más tempranos) al presente (tu relación a día de hoy).
2. Describe la personalidad de tu padre, del pasado al presente.
3. Describe la educación, historia laboral e historia religiosa de tu padre.

4. Describe tu relación con tu madre; del pasado (desde tus recuerdos más tempranos) al presente (tu relación a día de hoy).
5. Describe la personalidad de tu madre, del pasado al presente.
6. Describe la educación, historia laboral e historia religiosa de tu madre.
7. Describe la relación entre tu padre y tu madre, del pasado al presente.
8. Describe tu relación con tus hermanos (si los tienes) del pasado al presente.
9. Describe las personalidades de tus hermanos.
10. Describe tu relación con cualquier otra persona de relevancia, dentro o fuera de tu núcleo familiar (p. ej. abuela, abuelo, tío, primo, vecino, padrastro/madrastra).
11. ¿Cuál era tu rol en el sistema familiar? (P. ej., héroe, complaciente, payaso, rebelde, sustituto de un cónyuge, niño perfecto, cuidador, solitario, chivo expiatorio, pacificador)
12. Describe tu historial escolar, tanto académica como socialmente, del pasado al presente.
13. Describe tu historial sexual, desde tus recuerdos más tempranos al presente. Incluye todas las referencias al sexo y a la sexualidad, dentro o fuera de la familia. ¿Cuándo comenzaron tus sentimientos y deseos homosexuales?

14. Describe tu historial de masturbación: cuándo comenzó, cómo progresó, y con qué frecuencia te masturbas hoy en día. ¿Hay algún ritual especial que llevas a cabo mientras te masturbas? ¿Acompañas la masturbación con fantasías y pornografía? Si es así, ¿puedes describir qué imágenes te gusta ver?
15. Describe tus fantasías sexuales, del pasado al presente, ya que pueden haber ido progresando con el tiempo. ¿Qué clase de persona o personas te atraen? ¿Cuáles son sus características (atributos físicos y rasgos de personalidad)? ¿Qué actividades se dan en tus fantasías y en qué contexto/entorno? ¿Tienes algún fetiche en particular? Si es así, te ruego que los describas, indiques cuándo empezaron, y cómo se manifiestan en tu vida actual.
16. Describe tu historial religioso, del pasado al presente.
17. Descríbete a ti; cómo te ves hoy en día.
18. Anota cualquier otro asunto significativo sobre tu vida o tu familia que no se haya cubierto en estas preguntas, tales como problemas de salud, problemas matrimoniales, aventuras extramaritales, problemas laborales, problemas financieros, y tratamientos o terapias previos.
19. ¿Cómo te sientes en cuanto a tu cuerpo? ¿Te satisface cómo te ves? ¿Ha cambiado esto con el tiempo?

20. Anota tu historial laboral, tanto actual como pasado, y tu edad.
21. Anota por favor tus metas para la terapia.

Algo que se pone de manifiesto al estudiar el historial familiar del cliente es el distanciamiento generacional entre padres del mismo género y sus hijos del mismo género, p. ej. la distancia padre-hijo y madre-hija. He observado que muchos de mis clientes varones cuentan con figuras paternas más débiles y figuras maternas mucho más fuertes. Esto lleva a que un varón se identifique más fácilmente con lo femenino, el más fuerte de los sexos en ese sistema familiar.

Mientras compartía su historial familiar, un cliente afirmó: «Quería ser una chica porque mi padre prefería a mi hermana que a mí. Siempre estaba trabajando, y cuando estaba en casa estaba enojado. Mi madre era más divertida, decía lo que pensaba y era más amorosa»

Es importante que el cliente comparta sus recuerdos tempranos de la infancia, porque ese es el terreno fértil donde se cultiva la futura AMS. Presta mucha atención a los lapsos de memoria; hay mucha información útil bloqueada en el subconsciente. La mente consciente no puede retener lo que era demasiado doloroso para recordar. Será fundamental revisitar estos lugares cuando se trabaje en las etapas tres y cuatro de la recuperación.

Cuando revisamos la vida social del individuo en los años de escuela, se suele oír con muchísima frecuencia «soy diferente», «no pertenezco» y «no encajo»

Indagar sobre las fantasías sexuales o fetiches es importante. Hay mucha información útil ahí, puesto que las heridas homo emocionales y homo sociales se esconden tras fantasías/fetiches. Generalmente, hay también una progresión en las fantasías. A veces empieza simplemente por observar a hombres o mujeres desnudos, y entonces progresa a actividad sexual. Esto será único para cada individuo, dependiendo de las necesidades específicas y la intensidad del desapego contra uno mismo y hacia los demás.

Algunos se sienten atraídos por hombres mayores, revelando una necesidad de ser cuidados o de ser guiados por un padre. Algunos varones adolescentes y adultos se ven atraídos por sus pares, buscando en otros hombres aquello de lo que carecen en su interior. A la mayoría de hombres les atraen los hombres musculosos, fuertes y confiados; todas las cualidades que desean poseer. Algunos quieren sentirse dominados, abrazados, acariciados o guiados por los hombres a quienes admiran. Otros tienen atracción por chicos o adolescentes más jóvenes. Esto puede representar varias cosas: 1) trauma sin resolver a esa edad en particular; 2) necesidades insatisfechas en esa etapa del desarrollo; y/o 3) una conexión con alguna forma de abuso a esa edad (con frecuencia un recuerdo reprimido o suprimido de abuso sexual).

Es importante darse cuenta de que las fantasías sexuales enmascaran necesidades afectivas, homo emocionales y homo sociales, o miedo a la intimidad con alguien del sexo opuesto. También he descubierto que estas fantasías pueden ocultar ira reprimida contra uno o ambos progenitores, ira que el niño se sintió incapaz de expresar y que se manifiesta ahora como deseos sexuales. Otros, desconectados de su propio sentido de la identidad de género, quieren observar a hombres heterosexuales tener relaciones sexuales con mujeres. De este modo, encuentran sus identidades perdidas en los hombres que desearían ser. Hay muchas variantes en las fantasías sexuales. Es importante descubrir tantos detalles como sea posible para poder comprender los significados más profundos que hay tras su AMS.

Es relevante ver qué papel ha jugado la religión en la vida del cliente, y qué rol juega ahora. Muchos experimentaron juicio y/o persecución dentro de su propia fe. He oído historias de horror de cómo buscaron la ayuda de su clero y a continuación se les pidió que dejaran la congregación. Otros temían revelar su conflicto interno debido a las fuertes actitudes de juicio de los miembros de su congregación. En otros casos, si tenían un fuerte desapego de sus padres, pueden haberse distanciado fácilmente de las creencias religiosas de sus progenitores.

La conducta oposicionista es una parte integral de la AMS. Un joven cliente me compartió: «Yo tomé la decisión conscientemente de ser diferente de mi padre. Si a él le gustaba la música country, yo elegía el rock. Si le gustaba lo blanco, yo escogía negro. Esa era mi forma de decirle que él no me gustaba para nada.»

Después de leer las respuestas del cliente, escribo una evaluación o un análisis del contenido, ofreciendo mis observaciones y mis hipótesis de por qué creo que experimenta AMS, basado en las diez causas potenciales. Cuando les presento esta evaluación y análisis de contenido a los clientes, les invito a escuchar primero. Si he cometido un error o percibí algo erróneamente, le pido que me corrija. Esto es, generalmente, una experiencia positiva y profundamente conmovedora para el cliente. Por fin, alguien realmente le comprende en lo más profundo. A menudo hay muchas lágrimas durante esta sesión. «Hasta ahora, nadie nunca, me ha entendido tan profundamente.»

Después de completar la evaluación, le doy también un plan de tratamiento personalizado basado en las cuatro etapas de la recuperación (verás un ejemplo de plan de tratamiento en nuestro manual del *Programa de Formación de Consejeros* [Sólo en Inglés]). Entonces comenzamos la terapia. Si un cliente está sufriendo extremadamente en la sesión o sesiones iniciales, te ruego que le des tiempo para expresar sus sentimientos y pensamientos antes de que trabajes un historial detallado. Esta puede ser la primera vez que él o ella haya encontrado un espacio seguro donde relajarse y liberar su dolor y frustración. El terapeuta, consejero o coach debe crear un entorno sagrado que es confidencial, seguro y libre de juicio.

Las cuatro etapas de resolución de la atracción por el mismo sexo

Primera etapa: Transición / Terapia Conductual

- Separación de la actividad sexual: lugares de juego, compañeros de juego, juguetes
- Desarrollar una red de apoyo
- Edificar la propia dignidad y experimentar su valor en una relación con Dios/Poder Superior

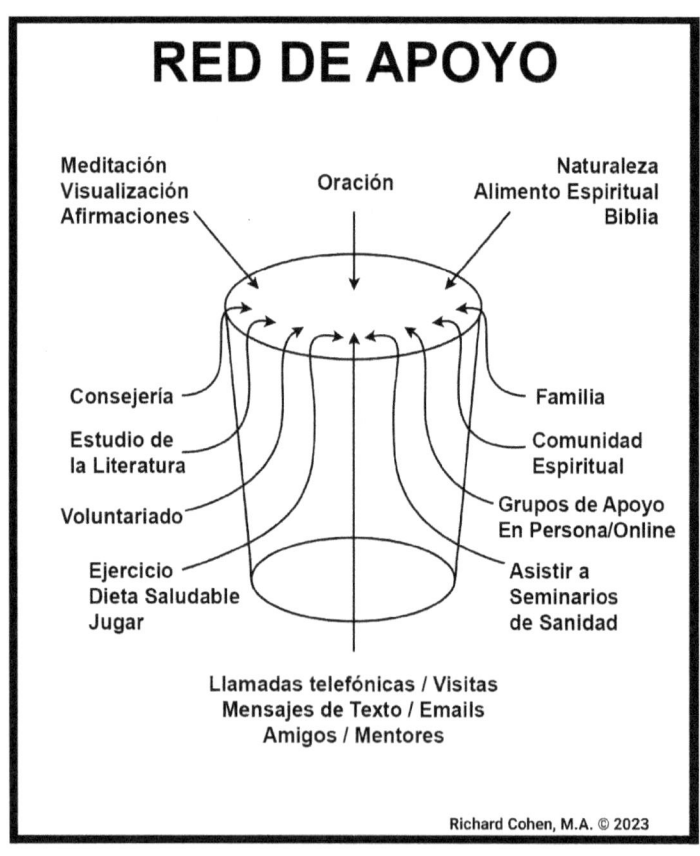

En la primera etapa, el individuo busca ayuda para resolver su AMS indeseada. Puede que el cliente haya intentado suprimir sus sentimientos homosexuales sin éxito. Puede que se haya casado, esperando que su AMS desapareciera, pero lamentablemente no ha sido así. Puede que después de intentar encontrar a su pareja ideal, se haya sentido vacío y solo. Puede que sea alguien joven y confuso sobre su identidad de género o su orientación sexual. Puede que la AMS entre en conflicto con sus creencias religiosas. El éxito de la terapia se fundamenta en una motivación sincera para cambiar. No importa si el individuo tiene trece años o setenta; el cambio es posible a cualquier edad.

La primera tarea de la primera etapa es alejarse de los lugares de juego, los compañeros de juego y los juguetes: lugares donde se encuentran con otras personas en un estilo de vida gay en activo, personas con quienes se hayan involucrado en comportamiento homosexual, y pornografía u otros materiales eróticos homosexuales. Por supuesto, esto no ocurre de la noche a la mañana, llevará tiempo. En algunos casos, luchar contra comportamientos compulsivos puede persistir incluso mientras un cliente completa otras tareas y progresa a las etapas siguientes. Anima a tu cliente a ser paciente consigo mismo. Lleva tiempo construir una estructura interna del yo saludable y un sistema de apoyo externo.

Justo por eso, la segunda tarea de la primera etapa es desarrollar una red de apoyo sustancial. El factor o factores de organización centrales en la vida de alguien que experimenta AMS pueden ser las relaciones homosexuales, las fantasías sexuales, la masturbación compulsiva, la pornografía y/o los puntos de reunión (bares gay, saunas, parques, etc.). No es suficiente con decirle a alguien que corte con esas relaciones y esos comportamientos. Es esencial darse cuenta de que estos lugares de juego, compañeros de juego y juguetes representan intentos malsanos de satisfacer necesidades legítimas de amor. Solo las relaciones saludables, sanadoras y no sexuales servirán al cliente para restaurar su corazón roto.

Debe desarrollarse una red de apoyo que proporcione un entorno fértil en el que tu cliente pueda sanar, crecer y madurar. Las relaciones saludables no sexuales con personas del mismo género y los comportamientos saludables reemplazarán ahora a las actividades y/o fantasías sexuales. La red de apoyo representa para el cliente una nueva familia que él o ella han escogido. Puede consistir en opciones como las detalladas a continuación o cualquier otra opción adecuada: su relación con Dios, la oración, la familia, los amigos, su cónyuge (si está casado), su comunidad de fe, grupos de apoyo, mentores y amigos, grupos online y/o presenciales, ejercicio, una dieta saludable, deporte, aficiones, masaje terapéutico, el estudio de literatura sobre sanidad, la consejería y el voluntariado.

Desarrollar una red de apoyo tan extensa llevará tiempo y esfuerzo. Tu cliente puede buscar el apoyo de familiares, amigos, un director espiritual, grupos en línea, y un terapeuta durante este proceso. A menos que se cree una red de apoyo así, no será posible avanzar al resto de etapas de la sanidad. Si el cliente intenta continuar su esfuerzo hacia la sanidad sin cumplir esta tarea crítica, lo más probable es que todos los demás esfuerzos fracasen, ya que no tendrá a nadie que le respalde cuando comience el proceso de duelo.

Lo que fue causado en relaciones dolorosas debe ser sanado en relaciones saludables.

> «Según hemos comprobado, resulta central para la reparación de la homosexualidad el establecer relaciones íntimas no sexuales con hombres. Las amistades del mismo sexo se han probado terapéuticas en las vidas de hombres que, sin psicoterapia, descubrieron sus propias formas de lidiar con la homosexualidad.» Joseph Nicolosi Sr., *Terapia Restaurativa de la Homosexualidad Masculina: Un Nuevo Enfoque Clínico* [*Reparative Therapy of Male Homosexuality: A New Clinical Approach*] (Northvale, NJ: Jason Aronson, Inc., 1991, Liberal Mind Publishers, edición actualizada, 2020), 194.

La tercera tarea de la primera etapa es edificar la propia dignidad y experimentar una relación de amor con Dios o un Poder Superior. Este no es un ejercicio de carácter religioso. Se prescribe para que el cliente desarrolle una conexión profundamente personal con un Creador amoroso. Él o ella necesitan internalizar la verdad de que son amados y aceptados, aun con AMS.

Hago que mis clientes escriban una lista de afirmaciones, cosas que desearían que sus padres, hermanos y pares hubieran dicho y hecho mientras crecían. Una vez la lista es revisada por el terapeuta, el cliente encuentra a mentores/amigos para hacer una grabación de las afirmaciones siendo leídas con un tono tierno y afectivo. Sugiero que él o ella escuche estas afirmaciones diariamente por un mínimo de seis meses. Esto tendrá resultados impresionantes y positivos. Lee en más detalle sobre las afirmaciones en las páginas 180 a 184 de *Comprender y sanar la Homosexualidad*.

«Llenar nuestras mentes con imágenes positivas de bienestar puede producir un entorno epigenético que refuerza el proceso de sanación.» Dawson Church, *El genio en sus genes: La Medicina Energética y la Nueva Biología de la Intención* (Ediciones Obelisco, 2008)

> Álex era el menor de cuatro hermanos. Su hermano mayor era Jason, y sus hermanas mayores eran Becky y Sarah, en ese orden. Vivía en Ohio, donde su padre trabajaba para una gran corporación y su madre era ama de casa. Álex nunca se llevó bien con su papá. Su padre tenía tendencia a los arrebatos de ira, especialmente cuando bebía, algo que aumentó

a medida que Álex crecía. Su madre se lamentaba de lo decepcionada que estaba con su marido mientras sostenía a Álex en brazos. Un niño hipersensible por naturaleza, Álex experimentó el dolor y sufrimiento de su madre como si fueran los suyos propios. Más y más, Álex se puso del lado de su madre y llegó a odiar a su padre negligente y abusivo.

Jason era el atleta de la familia. Se le daban bien el béisbol, el baloncesto y el fútbol americano. Álex sentía que no podía compararse con las proezas atléticas de Jason. Siendo el favorito de su madre, él tenía más inclinación hacia las artes y la lectura. Contemplaba a Jason y sus amigos practicando deportes, deseando ser, simplemente, uno de ellos. Álex jugaba con sus hermanas y se sentía más cómodo en su mundo. Cuando su papá le vio jugando con sus hermanas, le llamó «maricón» y «nenaza» «Vas a crecer para ser una chica más», comentaba su padre. Nunca pasó tiempo de calidad con su hijo. En casa, su padre se escondía detrás del periódico o veía la televisión. A menudo, no llegaba a casa hasta tarde. Se quedaba bebiendo con sus colegas.

Álex empezó a experimentar AMS en los últimos años de la escuela primaria. Siempre envidió a los chicos que eran más atléticos y competentes. Ansiaba ser como ellos (el Dr. Nicolosi, Sr. denominaba esto «el chico que mira desde la cocina»). Durante la pubertad, estos sentimientos se volvieron eróticos, imaginándose teniendo relaciones sexuales con los compañeros de clase que admiraba. No se atrevió a compartir estas ideas y sentimientos con su familia. Su papá ya le consideraba una nenaza, y su hermano le pegaba con frecuencia. Jason y su padre tenían una relación antagónica. Se relacionaban a base de discusiones y peleas a puñetazos. Álex no quería tener nada que ver con eso, así que siguió siendo un marginado, él, a solas con sus fantasías sobre hombres.

Un vecino enseñó a Álex sobre la masturbación, y eventualmente fueron pareja sexual con encuentros frecuentes. Álex se avergonzaba de estas actividades. Su familia y él asistían a la iglesia cada semana. Sabía que el comportamiento homosexual estaba mal (de acuerdo a sus creencias religiosas), pero sus sentimientos eran abrumadores. La culpa era tremenda, pero su necesidad de intimidad con hombres era aún mayor. La relación con su vecino prosiguió en la secundaria, hasta que se mudó. Entonces Álex encontró pornografía homosexual y empezó a masturbarse varias veces al día.

Álex tuvo sexo con varios de sus compañeros de clase en el instituto. Todas fueron relaciones a corto plazo, ya que Álex continuaba luchando con sus deseos. En la universidad, comenzó a tener sexo anónimo con hombres en parques, aseos y baños públicos. Era un estudiante premiado que se graduó en empresariales y eventualmente en derecho. Álex tenía una mente muy aguda y la mayoría de sus compañeros de estudios le admiraban, pero nadie sabía que Álex llevaba una doble vida. De día, era el estudiante inteligente y brillante. De noche, era un adicto al sexo, buscando a otro hombre más que llenara el vacío en su alma y aliviara su soledad y su dolor.

Cuando empecé a atender a Álex, estaba a finales de la veintena y era un abogado de mucho éxito, con un salario excelente. Pero Álex se sentía miserable. Sus colegas admiraban su mente brillante, su destreza con las palabras y sus éxitos en los juicios. Pero Álex se odiaba a sí mismo. Ansiaba ser uno más. Uno de los hombres. Se sentía como si contemplara ese mundo desde fuera. Se avergonzaba de sus adicciones al sexo anónimo, a la pornografía de hombres y la masturbación compulsiva. Quería salir de todo eso, pero no sabía cómo cambiar.

Al principio, guié a Álex a rellenar el cuestionario de historial familiar. Después de revisar su historial, le presenté una evaluación y un plan de tratamiento. Comenzamos entonces nuestra relación de terapeuta y cliente. Hice que Álex leyera varios libros sobre la etiología, el análisis de causas de la atracción por el mismo sexo. Gradualmente, empezó a entender dónde se originaban esos deseos. Comprendió que se había distanciado emocionalmente de su padre y que tenía un apego malsano con su madre. Siendo más sensible, temía a su padre y la fuerza que él representaba. En vez de plantar cara a su padre, huyó en pos de seguridad a los brazos de su madre y sus hermanas. Pudo ver que sus andanzas sexuales eran un disfraz para el amor y afecto que no obtuvo de su padre y de su incapacidad para comunicar sus necesidades de forma positiva y asertiva.

Álex estaba ávido de aprender y crecer. La siguiente tarea fue ayudarle a construir una sólida red de apoyo para reemplazar sus adicciones sexuales con relaciones saludables y sanadoras. Temía compartir sus luchas con otros. Había logrado aislar esa parte de su vida desde que empezó a experimentar AMS. Le animé amablemente a unirse a un grupo de apoyo de otros hombres en proceso de sanación. Se resistió, hasta que le dije que para poder ayudarle, necesitaba que se uniera a un grupo así. Finalmente, aceptó asistir a una reunión. Allí, para su enorme sorpresa, conoció a otros hombres iguales que él, que habían sufrido toda su vida con sentimientos y experiencias similares. Se sintió muy aliviado y agradecido de saber que no estaba solo. Había conocido a otros que le comprendían.

Álex empezó un programa deportivo de ejercicios. Se unió a un gimnasio y entrenó con hombres que estaban seguros en su sexualidad. Como Álex siempre había estado mirando a su hermano y los demás chicos desde el banquillo, le daba miedo participar en deportes de grupo. Buscó a un mentor que le enseñara habilidades atléticas básicas: lanzar la pelota, batearla, atraparla y meter canastas. En ese período, empezó a experimentar su propia fuerza y poder (una palabra de advertencia: animo a los que están dejando atrás el comportamiento homosexual a encontrar clubs deportivos dirigidos a familias, y ejercitarse con amigos con ASO).

También se hizo su propio MP3 de afirmaciones para reforzar su sentido del valor propio. Le hice escribir una lista de afirmaciones, cosas que deseaba que su papá y otros le hubieran dicho mientras crecía. Álex hizo que un mentor y varios amigos hicieran la grabación. Duraba unos cinco minutos, con música relajante de fondo. Algunas de las afirmaciones eran: «Álex, te quiero por quien eres», «eres mi precioso hijo», «eres suficiente», «eres fuerte y tienes talentos y dones», «creo en ti», «queremos que pases tiempo con nosotros». Usando estas afirmaciones a diario, Álex empezó a creer en su valor y dignidad como un amado hijo de Dios.

Empezó a redefinir su valor. Ya no era un hombre homosexual, sino un preciado hijo de Dios. Gradualmente, Álex empezó a comprender que no necesitaba ganarse el amor y la aceptación a través de las apariencias o el éxito exterior. Simplemente, era amado por quien era. Esto fue una revelación para Él. Esta transformación interna, combinada con sus nuevas habilidades sociales, su grupo de apoyo, y la consejería semanal, le dieron la fuerza para dejar su comportamiento sexual. Ocasionalmente, volvía a tener un encuentro sexual, pero disminuían semana tras semana.

Segunda etapa: Arraigo / Terapia Cognitiva

- Continuar con la red de apoyo
- Continuar edificando la autoestima y experimentando el valor en la relación con Dios
- Desarrollar habilidades: formación en asertividad, habilidades de comunicación, y técnicas de resolución de problemas
- Comenzar la sanidad del niño interior: identificar pensamientos, sentimientos y necesidades

La primera y la segunda tarea de esta etapa tienen el objetivo de que los clientes sigan edificando y participando en su red de apoyo, usen sus afirmaciones a diario, y experimenten el ser amados como un valioso hijo o hija de Dios, aun teniendo AMS. Uno no necesita resolver su AMS primero para poder ser amado por Dios.

La tercera tarea de esta segunda etapa es equipar al cliente con habilidades de comunicación, tanto para compartir como para escuchar (ver el *Manual del Programa de Formación de Consejeros*). Esto les ayuda a volverse más asertivos, honestos y reales en las relaciones tanto personales como profesionales. Comenzamos a aplicar habilidades Cognitivo-Conductuales como se describen en el libro de

David Burns *Autoestima en Diez Días* (Ediciones Paidós, 2010), o *El control de tu estado de ánimo: Cambia lo que sientes, cambiando cómo piensas*, de Dennis Greenberger y Christine A. Padesky (Ediciones Paidós, 2016). Les hago completar un capítulo cada dos semanas; adicionalmente, practicarán hacer tres o cuatro *Registros diarios del estado de ánimo* a la semana. Al aplicar estas técnicas simples y efectivas a diario, destruirán sus distorsiones cognitivas e incorporarán mensajes más amorosos y veraces a sus mentes y corazones. Una vez más, el campo de la Neuroplasticidad demuestra que cuanto más practicamos las afirmaciones positivas y los pensamientos amorosos sobre nosotros mismos y sobre los demás, ¡nuestras sendas neuronales cambiarán para bien!

Durante más de quince años he dirigido un grupo de apoyo para quienes experimentan AMS indeseada. Uno de los muchos mantras que he enseñado a mis clientes es este: la vida no es un concurso de popularidad, ¡es una gran fiesta a la que estás invitado y puedes venir tal y como eres! En otras palabras, sé tú mismo; a algunos les gustarás, a otros no. Muchos de quienes experimentan AMS indeseada viven para complacer, siempre ajustando sus personalidades en pos de la aprobación de otros. Yo les enseño que ese comportamiento codependiente compromete quiénes son en realidad: un hombre o una mujer poderosos.

La cuarta tarea de la segunda etapa es el inicio del trabajo de sanidad del niño interior. El término «niño interior» es sinónimo del subconsciente. Guío al cliente a hacer todos los ejercicios de *Recuperar el niño interior* [*Recovery of Your Inner Child*], Lucia Capacchione (New York: Touchstone Publisher/Simon & Schuster, 1999). Les pido que hagan un capítulo cada dos semanas (usando un cuaderno de dibujo y lápices de colores). Aquí descubren al niño herido interior, y se convierten en padres más amorosos, protectores y estimulantes para su propia alma. Adicionalmente, les hago escuchar meditaciones sobre el niño interior que he creado (https://www.pathinfo.org/digital-downloads). Hay muchas otras maravillosas meditaciones para el niño interior disponibles en línea.

Álex asistía a su grupo de apoyo cada semana. Le dio un sentido de estabilidad y camaradería que necesitaba mientras avanzaba por su viaje de sanidad. Él siempre me decía que un concepto que le cambió la vida fue que la homosexualidad no era el problema, sino un síntoma de asuntos sin resolver. Declaró que este concepto le liberó para dejar de estar enfocado en su sexualidad y empezar a lidiar con las causas subyacentes de su atracción por el mismo sexo. Seguíamos reuniéndonos para hacer terapia semanalmente. Le guié a usar el libro del Dr. David Burns, *Autoestima en 10 Días*. Reluctante, comenzó a hacer los deberes del libro. Como a muchos otros a quienes he asesorado, a Álex no le gustaba este libro de trabajo. «Me recuerda a todos los deberes del colegio que tenía que hacer en casa». Le dije: «Entiendo tu rechazo, y está bien si no te gusta. Pero hazlo de todos modos». Y lo hizo.

Poniendo en práctica los métodos de Burns, Álex aprendió a identificar su discurso interno negativo y las distorsiones cognitivas que le llevaban a un círculo vicioso de depresión y adicción sexual. Al hacer los *Registros diarios del estado de ánimo* y otras actividades sugeridas por Burns, Álex logró obtener un mayor sentido de cómo sus pensamientos le llevaban a emociones negativas. Entonces, en vez de irritarse consigo mismo y con terceros, se tomaba el tiempo de reflexionar sobre sus propios pensamientos negativos y de transformar esos pensamientos en impulsos positivos. Esta fue otra de las maneras que ayudaron a Álex a obtener una mayor conciencia de sí mismo y más poder sobre el ciclo de adicción. El Dr. Douglas Weiss describe el ciclo adictivo con las seis etapas siguientes: 1) Causas de dolor; incomodidad emocional, conflicto no resuelto, estrés, o necesidad insatisfecha de conexión, 2) Disociación, 3) Estado alterado, 4) Emprender el comportamiento, 5) Comportamiento, y 6) Culpa y vergüenza.

Álex continuó meditando, diariamente o varias veces por semana, usando las meditaciones sobre el niño interior y la sanidad que creé. Siguió escuchando sus afirmaciones cada mañana y cada noche, a veces mientras conducía yendo y volviendo del trabajo.

Al hacer deporte y hacer ejercicio, Álex estaba también fortaleciendo su masculinidad. Después de meses trabajando con su mentor deportivo, por fin reunió el valor para empezar a jugar a baloncesto con otros hombres. Al principio le fue aterrador. Usó las técnicas cognitivas, aniquilando su discurso interno negativo con respuestas positivas y racionales. Le fue difícil hacerlo. Empleó la visualización creativa, imaginando que ya era un competente y consumado jugador de baloncesto. Practicó visualizar esto varias veces a lo largo del día. Se planteó una nueva meta cada vez que jugaba a baloncesto. Una vez, su meta fue simplemente divertirse, sin importar cómo jugara. En otra ocasión su meta fue concentrarse en desarrollar habilidades: driblar y pasar la pelota. En otra oportunidad, su meta fue tener tanta confianza en sí mismo como fuera posible. Le pidió también a un amigo que practicara con él. Mediante sus continuos esfuerzos, su habilidad como jugador mejoró gradualmente, y aprendió a divertirse.

Después de completar la terapia cognitiva de Burns, comenzó la sanidad de su niño interior. Álex hizo las tareas del libro de la Dra. Lucia Capacchione, *Recuperar el niño interior* [Recovery of Your Inner Child]. Como abogado, encontraba este enfoque ridículo y estúpido. «¿Qué tiene que ver hacer dibujos, con la mano no dominante, con resolver mi AMS? ¡Me parece absurdo!». De nuevo, le dije a Álex: «Está bien si no te gusta. Pero te animo a que lo hagamos de todos modos» Y así lo hizo. Al principio, los ejercicios de dibujo y diálogo del niño interior le costaban muchísimo. Fue avanzando muy lentamente. Conectar con su voz interior fue un proceso arduo para Álex. Durante muchos años, había enterrado a ese niñito herido bajo todas las buenas calificaciones, las sonrisas, las cortesías y la actividad sexual. Pero a través de sus esfuerzos consistentes y coordinados, eventualmente el niño interior (su subconsciente) comenzó a hablar.

A Álex le dejó estupefacto lo que empezó a emerger: un muchachito muy enfadado y rabioso. No era educado. No era dulce. Estaba dolido y quería hacerse oír. Y así, Álex completó muchos dibujos y permitió que el muchachito en su interior expresara sus emociones. Durante varias semanas, creé ejercicios para ese niño interior en particular. Hizo algo de trabajo Bioenergético, golpeando almohadas con una raqueta de tenis - Aprende más sobre esta modalidad terapéutica en *La bioenergética* (Editorial Sirio, 2011) de Alexander Lowen- https://www.lowenfoundation.org/what-is-bioenergetics. Álex ya no era el niño dulce y sumiso, sino una fuerza masculina, fuerte y poderosa.

También conectó con otras representaciones de su familia interior; el progenitor protector, el muchachito asustado, el progenitor crítico, el niño juguetón. Álex estaba despertando partes de sí mismo que habían estado en letargo por años. Estaba aprendiendo a conectar con sentimientos, pensamientos y necesidades que nunca había sabido que tenía. Álex usó mi MP3 de meditación «Sanar Tu niño interior» varias veces por semana. Mediante estas actividades sanadoras del niño interior, comenzó a encontrar su centro emocional y a volverse más poderosamente consciente de quién era él, en vez de definirse en respuesta a cómo otros pensaran o se sintieran en cuanto a él.

Tercera etapa: Curar las heridas homo emocional y homo sociales / Terapia Psicodinámica

- Continuar con todas las tareas de la primera etapa y de la segunda etapa
- Descubrir y trabajar en las causas raíz de las heridas homo emocionales y homo sociales
- Comenzar/continuar el proceso de duelo, perdonar y aceptar responsabilidades
- Desarrollar/mantener relaciones saludables, sanadoras y no sexuales con el mismo género

La primera tarea de la tercera etapa es continuar con la red de apoyo, las afirmaciones, las habilidades de comunicación, las herramientas y técnicas cognitivo-conductuales y los ejercicios y meditaciones sobre el niño interior del cliente.

La segunda tarea de la tercera etapa es trabajar en una conciencia creciente de las heridas causadas por el progenitor del mismo género (padre-hijo o madre-hija) y de las heridas causadas por cualquier otra persona del mismo género durante la infancia y adolescencia. Hago que el cliente escriba una lista de sus heridas homo emocionales y homo sociales que deben ser reconciliadas y resueltas. Los sentimientos enterrados vivos, nunca mueren. Estamos condenados a repetir el pasado hasta que afrontemos, rastreemos, borremos y resolvamos cada asunto.

El tercer paso de la tercera etapa es el proceso de pasar el duelo, perdonar y asumir responsabilidades. Como psicoterapeuta, uso un repertorio de técnicas y modalidades terapéuticas, p. ej. Terapia de Sistemas Familiares, biblioterapia, psicoeducación, técnicas terapéuticas somáticas (bioenergética, EMDR, EFT), interpretación de roles (terapia Gestalt), PNL (Programación Neurolingüística), concentración, Diálogo de Voces, análisis transaccional, llevar un diario… Por favor, lee las páginas 163-168 del capítulo seis de *Comprender y sanar* para encontrar más información al respecto. Hay muchos otros protocolos terapéuticos listados en nuestro *Manual del Programa de Formación de Consejeros* que son útiles para la terapia individual, de pareja o de grupo.

Las modalidades previamente mencionadas no son un listado integral de las técnicas que puedas usar, son simplemente algunos de los métodos que he encontrado eficaces. Puesto que el campo de la psicología está en perpetuo cambio, debes aprender sobre técnicas más recientes y ponerlas en práctica. Mi mensaje principal para los terapeutas es este: un individuo debe pasar por las cuatro etapas de la recuperación para poder reconciliarse con su AMS indeseada y resolverla. Las técnicas terapéuticas están siempre cambiando y mejorando; sin embargo, la senda de la recuperación sigue siendo la misma, ya que ésta es una condición del desarrollo.

La próxima sección la escribió un brillante psiquiatra y psicoterapeuta que vive y ejerce en Oriente Medio. Yo le tutelé por varios años. Ha ayudado a numerosos clientes a resolver su AMS indeseada. Ahora entrena e instruye a otros terapeutas en cómo hacer este trabajo.

Perspectiva centrada en el trauma

Por Shehab Eldeen K.A., Doctor en Medicina

Primeramente, vale la pena mencionar que este no es un enfoque terapéutico orientado al cambio, sino orientado a la sanidad. El cambio es una decisión personal. El rol del terapeuta es empoderar al cliente para alcanzar las metas que se ha puesto para el tratamiento. La terapia cognitivo-conductual centrada en el trauma, con su comprensión de que las turbaciones del pasado esculpen la naturaleza misma de quiénes somos en el presente, emplea una aproximación muy delicada. No consiste en destapar las heridas del pasado, puesto que eso puede desestabilizar el momento presente, sino en alcanzar muy cuidadosamente el legado viviente del trauma enterrado en el cuerpo y el alma. La investigación del trauma revela que mucho de lo que se piensa que es «normal» es de hecho una reacción al trauma, y que uno no tiene por qué conformarse a vivir con ello. Los antiguos mecanismos de afrontamiento pueden resolverse, y es posible lograr establecer nuevos patrones cognitivos y conductuales.

¿Qué es el trauma y por qué es crucial comprender cómo afecta a la vida de uno? «Trauma» es un término amplio que incluye cualquier experiencia vital que fuera demasiado turbadora para que el cerebro lo procesara como recuerdo, especialmente el cerebro en desarrollo de un niño. Puede ser algo tan simple como un período prologando en la incubadora después de nacer, haber sido criado por una madre depresiva o por un padre alcohólico y violento, un hermano abusivo o burlón, u otros eventos objetivamente traumáticos, como el abuso sexual. El evento traumático sigue estando muy vivo en el aquí y ahora, ya sea por sí mismo (p. ej. los flashbacks, esos recuerdos que aparecen de forma breve e intensa, volviendo a traer eventos totales o parciales) o a través de sus efectos (p. ej. disociación, mecanismos de defensa). Por tanto, hablamos de trauma del desarrollo, trauma de vinculación, trauma psicocultural, trauma sexual, y muchos otros.

¿Qué hace que un evento sea traumático? En este contexto, distingo tres factores principales que contribuyen a ello:

1) **La gravedad del propio evento:** una guerra, una violación, o un abuso físico son eventos traumáticos por sí mismos, y en el campo del trauma se les llama Traumas con T mayúscula o grandes T.
2) **La complejidad de la respuesta necesaria:** cuando el evento presiona al sujeto que lo experimenta a escoger dos (o más) acciones que entran en conflicto entre ellas; luchar y huir al mismo tiempo, marcharse y al mismo tiempo cuidar de otra persona, o cuando el evento somete al sujeto a dos emociones opuestas y complejas como amor/odio, como en el incesto o en la seducción.
3) **Cuando el propio cerebro es incapaz de procesar el evento:** como con el cerebro en desarrollo de un niño, o cuando el sujeto que lo experimenta ya está turbado o incrementa el suceso debido a otros factores turbadores.

Tomamos en consideración que el trauma controla la vida de uno a través de muchas cosas; las más importantes de ellas son las experiencias disociativas y las estrategias de adaptación, que pueden ser todo un estilo de vida; y ambas fueron esenciales para sobrevivir al pasado y para mantenerse atrapado en el presente. En la terapia centrada en el trauma, no indagamos en el historial del cliente para destapar su trauma; por el contrario, usamos una forma muy delicada y muy cauta de lidiar con el legado que lo que le ocurrió ha dejado a su paso, en su cuerpo, psique y espíritu.

La terapia centrada en el trauma se divide en tres etapas esenciales:

1) **Estabilización:** La terapia procura incrementar la tolerancia a la turbación del cliente, o «ampliar su ventana de tolerancia», reducir las tendencias disociativas automáticas, hacerle consciente de las estrategias adaptativas que ha desarrollado, incrementar la confianza y el empoderamiento, tener en mente el aquí y ahora, y hacer cesar los comportamientos que pongan en riesgo su vida y degraden su calidad de vida.

2) **Procesamiento:** Esto puede describirse, metafóricamente, como digerir el evento adverso, y ser consciente de que el trauma no es definido por lo que ocurrió, sino por cómo nuestro cerebro manejó ese evento. Después de esta etapa, las experiencias adversas seguirán siendo percibidas como experiencias adversas, pero ya no serán traumáticas. El cliente será libre de sus estrategias de respuesta previas. Aquí no tratamos el evento en sí, sino cómo el cliente lo experimentó, y cómo ha afectado a su vida física, mental, emocional y/o espiritualmente.

3) **Integración:** Aquí la terapia procura el crecimiento post-traumático, y darle uso al legado del trauma en su crecimiento mental, psicológico y espiritual.

Muchas modalidades diferentes versan en torno a los mismos principios; de ahí que se llamen terapias centradas en el trauma. Las modalidades que abordan las experiencias traumáticas pueden dividirse en dos categorías:

- **Terapias convencionales enfocadas al trauma** (tf, en inglés «trauma focused»), p. ej. Terapia Cognitivo-Conductual enfocada al trauma (TCCtf), Terapia Dialéctico-Conductual (TDC), Terapia de Enfoque Emocional (TEE) y Terapia de Aceptación y Compromiso enfocada al trauma (TACft).
- **Terapias no convencionales enfocadas al trauma**, p. ej. Psicodrama, Sistemas Familiares Internos y Terapia de experiencia somática.

Quiero recalcar una vez más que la sección previa fue escrita por un brillante psiquiatra/psicoterapeuta que vive y ejerce en Oriente Medio.

La cuarta tarea de la tercera etapa es continuar con su red de apoyo, especialmente con amigos y mentores saludables del mismo género. Esto probará ser esencial en esta etapa de la recuperación, ya que tendrá una enorme necesidad de su presencia a medida que procesan el dolor de las muchas heridas de su pasado. En este proceso, lo que dolió será reemplazado por un amor sano y un contacto físico saludable. En breve hablaremos más de la indeleble necesidad de un contacto físico saludable.

PARTE I: LA RUTA DE LA SANIDAD

CAPAS DE NUESTRA PERSONALIDAD

Una explicación detallada de las Capas de Nuestra Personalidad se encuentra en las páginas 128 a 133 de *Comprender y sanar*. Esta tabla explica cómo la sanidad se da en el corazón, mente y cuerpo de un individuo.

Álex comprendió las causas raíz de su AMS y estuvo listo para hacer frente al pasado, sanar las heridas, y colmar sus necesidades insatisfechas de afecto. Sus adicciones sexuales al sexo anónimo, la pornografía masculina, y la masturbación compulsiva habían dejado de ser parte de su vida diaria. Tenía amigos, practicaba deporte, usaba su MP3 de afirmaciones, oraba y meditaba, y había desarrollado un fuerte sentido de su valor inherente como un hijo amado de Dios. Practicaba habilidades buenas de comunicación en su vida personal y profesional. Cuando alguien hablaba en términos hirientes, cuidaba de sí mismo o compartía honestamente con la otra persona. La sanidad consiste en ser directo con uno mismo y con los demás.

Había llegado el momento de ahondar en el pasado. Mediante trabajo con Diálogo de Voces, Concentración, TEE, bioenergética, role play y el niño interior, empezamos a explorar el dolor que Álex experimentó en la relación con su padre y su hermano. **La restauración opera a la inversa del modo en que ocurrió la herida original.** Primero, uno debe tratar la herida menor antes de hacer frente a la más profunda. Álex sintió que, primero, necesitaba sanar la herida referente a su hermano Jason. Mediante role play y Diálogo de Voces, permitió que su niño interior herido saliera al frente y compartiera con Jason cómo se sintió cuando le atacaba y le pegaba. Lágrimas antiguas y emociones primarias brotaron a medida que el niño interior de Álex hablaba de su dolor. «¿Por qué me golpeabas? ¿Por qué me pegabas? Necesitaba tanto tu amor, pero todo lo que sentía era tu ira.»

Usamos también ejercicios bioenergéticos para permitir que su niño interior expresara su ira y su dolor. Hice que imaginara que Jason estaba al otro lado de las almohadas mientras él gritaba, golpeaba, y eventualmente reclamaba su poder. Álex, de forma enormemente malsana, se había sometido a Jason y a su papá. Había abdicado la responsabilidad cerrándose emocionalmente, convirtiéndose así en una «víctima». Durante varias sesiones, mientras saneábamos los recuerdos, Álex fuc capaz de procesar el duelo de la pérdida de una relación cercana con su hermano, experimentar alivio, y finalmente perdonar a Jason. Al sanar sus propias heridas, fue capaz de ver las heridas que compartía con Jason, quien carecía igualmente de la experiencia de un amor paternal saludable. Mediante ejercicios de Role playing, Diálogo de Voces, Terapia de Concentración, Bioenergética, Sanación de recuerdos, TEE y del niño interior, Álex logró reclamar una parte de su masculinidad.

A continuación, llegó el momento de investigar su relación con su padre. Álex permitió que su niño interior compartiera con su papá cómo se sintió cuando fue abusado verbal, emocional y mentalmente. De nuevo, mediante role play, Diálogo de Voces, bioenergética y sanación de recuerdos, Álex pasó el duelo por el dolor y por la pérdida del amor de su padre. «¿Por qué no estuviste ahí para mí? ¿Dónde estabas? Yo te necesitaba. No soy una nenaza. Soy un niño, y merezco tu amor». Álex golpeó con mucha fuerza, aullando, gritando, reclamando su poder, y retomando la energía masculina que había abandonado hacía tantos años. «Soy un niño. Soy un hombre. Merezco ser amado. No soportaré más tu abuso verbal. Te devuelvo toda tu vergüenza, todos tus insultos, todos tus miedos y tu culpa».

Álex aprendió a afirmarse en su poder, transicionando de ser víctima a ser victorioso en amor. A medida que dejaba ir su ira, su frustración y su dolor, comenzó a experimentar más poder en su interior. A través de la sanación de recuerdos, fue capaz de perdonar a su padre y ver al niño herido que su padre llevaba dentro. Al darse cuenta de que su papá tampoco había experimentado la calidez y los ánimos de su propio padre, Álex pudo sentirse más compasivo con él, y más capaz de perdonarle.

Simultáneamente a este proceso de sanación interior, Álex estaba siendo mentoreado por un anciano de su iglesia. Se reunía una vez por semana con su mentor, Rick. Pasaban tiempo compartiendo juntos. Rick era bastante bueno escuchando y era un buen modelo a seguir de masculinidad fuerte. Cuando Álex estaba afligido, Rick le abrazaba, permitiendo que se sintiera amado mientras se deshacía de todo lo tóxico de años de ira y dolor reprimidos. Rick era paciente y amoroso hacia Álex. De este modo, la neurología de Álex estaba siendo reprogramada. El dolor estaba siendo desarraigado de su sistema, y en su lugar se vertía amor. Se arrancaban malas hierbas y se plantaban semillas. Álex y Rick también iban juntos a ver partidos, hacían deporte y daban paseos. Álex estaba restituyendo todos los momentos que se había perdido con su papá.

Álex también mantuvo amistades cercanas con varios colegas del gimnasio, de su grupo de apoyo y de su iglesia. Llegó a poder compartir libremente con ellos lo que estaba experimentando en su trabajo de reprocesamiento emocional y mental. Su red de apoyo le rodeó mientras se liberaba del dolor del pasado y reclamaba su masculinidad. Más y más, se sintió afirmado en su poder. Sus atracciones por el mismo sexo se desvanecían ahora que experimentaba un sentido de su propia identidad masculina.

Cuarta etapa: Sanar heridas hetero emocionales y hetero sociales / Terapia Psicodinámica

- Proseguir con todas las tareas de las etapas uno, dos y tres
- Descubrir y trabajar en las causas raíz de las heridas hetero emocionales y/o hetero sociales
- Continuar con el proceso de duelo, perdonar y aceptar responsabilidades
- Desarrollar relaciones saludables y sanadoras no sexuales con el sexo opuesto, aprender a comprender y a apreciar al sexo opuesto desde la perspectiva del propio género

La primera tarea de la cuarta etapa es continuar con la red de apoyo, las afirmaciones, el Registro Diario del Estado de Ánimo, las actividades y meditaciones de sanidad del niño interior, y la resolución de heridas con el progenitor, los pares y otros del mismo género.

La segunda y tercera tarea de la cuarta etapa son trabajar en las causas raíz de las heridas entre madres e hijos, padres e hijas, y cualquier otro dolor producido por personas del sexo opuesto. Puedes utilizar las mismas modalidades terapéuticas que en la tercera etapa.

La cuarta tarea de la cuatro etapa es desarrollar relaciones saludables y sanadoras con mentores y amigos del sexo opuesto. Si el hombre en recuperación era cercano a su madre, y más en contacto con su lado femenino, él conoce a las mujeres desde una perspectiva femenina.

Lo mismo es cierto para una mujer que experimenta AMS. Puede que haya conocido a los hombres desde un punto de vista más masculino, no desde la perspectiva de una mujer. Por tanto, es importante aprender del sexo opuesto de una forma saludable, desde la perspectiva del propio género. Este es un cambio radical de perspectiva para la persona en recuperación.

> «Jung dijo algo perturbador acerca de esta complicación. Dijo que cuando es la madre quien enseña principalmente al hijo a sentir, éste aprenderá la actitud femenina hacia la masculinidad, y adoptará una visión desde el punto de vista femenino de su propio padre y de su propia masculinidad. Verá a su padre a través de los ojos de su madre.» Robert Bly, *Iron John: Una Nueva Visión de la Masculinidad*», Gaia Ediciones, 1994).

Ahora, los hombres deben aprender a ver a las mujeres desde una perspectiva masculina, y las mujeres aprender a ver a los hombres desde una perspectiva femenina. Tener mentores y amigos del sexo opuesto será crítico para ayudarles a sanar mientras procesan los recuerdos y experiencias dolorosos que tuvieron durante las primeras etapas esenciales del desarrollo, p. ej. heridas provenientes de la madre para él, heridas provenientes del padre para ella, y cualquier otra herida significativa experimentada a causa de miembros del sexo opuesto.

El deseo natural de relacionarse con el sexo opuesto a menudo emerge a medida que los clientes experimentan su identidad de género, sanan sus heridas hetero emocionales y hetero sociales, y establecen relaciones sanas con miembros del sexo opuesto. Un hombre casado experimentará una mayor intimidad con su esposa una vez haya sanado las heridas con el sexo opuesto de su pasado. Y lo mismo con una mujer casada experimentará una mayor intimidad con su marido.

La auténtica identidad de género del individuo emergerá después de desmantelar los desapegos defensivos entre hombres y hombres, hombres y mujeres, mujeres y mujeres, y mujeres y hombres, estableciendo vínculos tanto con su propio género como con el opuesto. Las atracciones y sentimientos naturales por el sexo opuesto aparecen a partir de este proceso de sanación. No hay magia alguna, salvo por las profundas relaciones de amor que nacen durante este proceso de transformación y la libertad experimentada al retirar los velos del desapego.

Álex necesitaba trabajar en la relación con su madre. Había estado enredado con ella desde que tenía memoria (enredado se refiere a un vínculo malsano en una relación íntima, donde los límites apropiados entre madre e hijo fueron transgredidos). Él era su precioso muchachito, su cariñito, y su sustituto de un esposo. Álex llevó a cuestas las cicatrices de este vínculo malsano a lo largo de su adolescencia y su vida adulta. Temía la intimidad con las mujeres, temeroso de que sus exigencias le consumieran. Era el momento de afrontar a la madre de su pasado que vivía en las profundidades de su alma. Utilizamos role play, psicodrama, sanidad del niño interior, Diálogo de Voces, Bioenergética, TEE, Sanidad de Recuerdos y terapia familiar. Sesión a sesión, Álex expresó cómo se sentía cuando su madre compartía todas sus cargas con él. Mediante role play y bioenergética, expresó una enorme tristeza, ira y dolor. En nuestro grupo de apoyo, creó un psicodrama, haciendo que diferentes personas interpretaran los papeles de su madre, su padre, su hermano, sus hermanas, y él mismo. Este fue para él un método muy poderoso para recordar el sistema de su familia y ver qué lugar ocupaba él, y cómo pudo sentirse cada uno de sus familiares.

Álex comenzó una relación de mentoría con Elizabeth, la esposa de Rick. Así, empezó a conocer a las mujeres desde otra perspectiva. Elizabeth no era ni agobiante ni exigente. Simplemente le abrazaba física y emocionalmente, permitiéndole ser parte del mundo de ella y de su marido. Esto fue restaurativo para Álex. Nunca había experimentado cómo se sentía ser cercano a una mujer de un modo no amenazante. Su niño interior estaba a la vez asustado y emocionado de conocer a una mujer sin temor de verse consumido por las necesidades de ésta.

Elizabeth fue una influencia muy refrescante en la nueva vida de Álex.

Organizamos una sesión de «Sanidad Familiar» a la que invitamos a los padres y hermanos de Álex. Esta sesión duró dos días (aprendí esta modalidad terapéutica de la Dra. Martha Welch de la Universidad de Columbia; puedes aprender más sobre este protocolo en nuestro manual y la serie de videos sobre Sesiones de Sanidad Familiar: https://www.pathinfo.org/ fhs-film-series-manual).

Mi esposa me ayudó, como hacía a menudo en las sesiones de Sanidad Familiar. De este modo, tanto hombres como mujeres se sienten representados y más seguros. Los padres de Álex se cogieron de las manos y se miraron mutuamente a los ojos. Hice que expresaran cómo pensaban el uno del otro y cómo se hacían sentir, tanto los puntos buenos como los malos. Al principio fueron bastante superficiales, haciendo de pareja dulce y cariñosa. Entonces Jason, Álex y sus hermanas se juntaron en torno a ellos y empezaron a compartir. «Dejad de haceros los cariñosos. Sabemos que los dos os sentís muy heridos por el otro. ¡Dejadlo salir, y dejad de hacernos sentir como si tuviéramos que cuidar de vosotros!». Fue un toque de atención para los papás de Álex. Abrazando a su marido, su madre comenzó a expresar años de dolor y decepción. Lloró y gritó lo sola que se sentía mientras él estaba fuera, bebiendo. Le dijo lo dolida que estaba con que hubiera descuidado y sido abusivo con los niños. Se lamentó en sus brazos mientras todos los hijos lloraban.

A continuación, llegó el turno de papá. Siendo aún alcohólico, era incapaz de acceder a sus sentimientos más profundos. Durante muchos años, había reprimido su yo herido. Recordó ante su esposa y sus hijos cómo su propio padre le apalizaba sin razón, día tras día, año tras año, sin darle jamás ni una palabra de ánimo. Les dijo que sabía que les había fallado, pero que al menos no les había hecho tanto daño como su padre le hizo a él. Todos quedaron en silencio, impactados, porque él nunca antes había hablado así sobre su familia. Pudieron ver que había enmascarado su propio dolor con el alcohol y enterrándose en trabajo.

Entonces hicimos que mamá y papá abrazaran a los niños; primero a Jason, luego a Becky y Sarah. Por último, llegó el turno de Álex. Primero, le abrazó su madre. Él gritó y lloró, diciéndole lo desagradable que fue para él que ella le compartiera su miseria. «Me sentía como tu marido, no como tu hijo. ¿Por qué me compartiste toda esa basura? No quería saber de tu dolor; yo necesitaba tu amor. Nunca me sentí a salvo contigo, solo agobiado y sufriendo». Continuó: «Mamá, ahora estoy estableciendo una nueva relación contigo. Necesito límites claros. No quiero oír hablar de tus problemas y tus cargas. Soy tu hijo, no tu amigo. Espabila. Encuentra a otras personas de tu edad que puedan ayudarte. Ese no es mi papel. Soy tu hijo. Eres tú la que debería cuidar de mí. Eso es lo que necesito». Álex se sintió aliviado después de compartir estos pensamientos, sentimientos y necesidades con su mamá.

La madre de Álex se entristeció profundamente cuando le compartió esto. No tenía ni idea de que él se sintiera tan herido y traicionado. Pensaba que había hecho lo mejor para él y para el resto de sus hijos. Ella lloró y se disculpó por todo el daño causado a su hijo. Le explicó que le amaba y que intentaría no compartir sus cargas con él. Entonces se puso en modo «pobre de mí», diciendo que no había nadie con quien ella pudiera contar. Todos sus hijos la abrazaron y le dijeron fuertemente: «Mamá, necesitas despertar, y buscarte la vida. Encuentra amistades que puedan ayudarte y quererte. ¡Deja de apoyarte en nosotros!». Le fue muy difícil escuchar esto.

Al fin, llegó el momento de que a Álex le abrazara su padre. Álex gritó y lloró, puesto que era la primera vez que su padre y él se tocaban mutuamente. Lloró, como un niño: «Papá, te he echado de menos toda mi vida. ¿Crees que quería tener sexo con otros hombres? No. Siempre te buscaba a ti en sus brazos. Te necesito, Papá, te necesito. ¿Dónde estabas? ¿Por qué siempre me criticabas y me llamabas cosas? Por favor, abrázame y dime que me quieres». Siguió y siguió, dejando que su padre supiera hasta qué punto estaba herido por sus acciones y palabras. Álex no quería soltar a su papá, porque esta era su primera experiencia de vínculo juntos. Su padre se disculpó por su naturaleza crítica y su abuso verbal. Le dijo a Álex que sentía no haber sido un padre mejor. Por último, le dijo a su hijo: «Te quiero, Álex».

Para acabar, hicimos que los hijos se tomaran de las manos y expresaran asuntos sin resolver que tuvieran unos con otros. Jason y las chicas se abrazaron y lloraron mientras recordaban muchas ocasiones. Y después, Álex y Jason se abrazaron. Álex le dijo a Jason lo dolido y ofendido que estaba por su abuso verbal y físico. Jason se disculpó, sabiendo que había echado sobre Álex cómo se sentía el propio Jason con su padre. Se abrazaron, lloraron y se perdonaron mutuamente.

Me gustaría decir que todos vivieron felices para siempre, pero el cambio tiene lugar a lo largo de un período de tiempo y es a base de práctica, práctica y práctica. Álex tuvo que seguir recordándole a su madre que no compartiera sus pesares con él. Le pidió a su padre que pasara tiempo con él. Su padre estuvo de acuerdo, y así comenzó una nueva fase en las vidas de los dos. Jason y Álex acordaron charlar por teléfono con frecuencia, para poder conocerse el uno al otro como adultos.

El padre de Álex seguía siendo emocionalmente inaccesible, así que Álex necesitó seguir recibiendo amor de sus amigos y mentores varones.

Eventualmente, aceptó el hecho de que su padre no podía darle algo que él mismo no había experimentado. Comprender esto trajo un estado de paz a su corazón y su alma. Ya no buscaba en papá un amor que era incapaz de dar. Álex vio a su padre por quien realmente era, y aprendió a estar agradecido por lo que podía darle. El amor de Álex por su padre era ahora uno de gratitud y madurez.

Álex empezó a salir y a tener citas. Sus atracciones por las mujeres empezaron a emerger después de sanar sus heridas homo emocionales y homo sociales y suplir sus necesidades insatisfechas. Tras un año saliendo con algunas mujeres, Álex conoció a Cristina. Era una mujer muy agradable y abierta. Después de algún tiempo, compartió con ella de su pasado y su viaje hacia la sanidad. A ella le conmovió mucho su compromiso por cambiar, su perseverancia y su profunda fe en Dios. Eventualmente, Álex y Cristina se casaron y tuvieron tres hijos. Hoy, Álex es un buen padre para sus hijos y un mejor marido de lo que su padre pudo ser nunca. Por supuesto, el camino no siempre ha sido fácil, ya que las sombras del pasado tienden a intentar salir de nuevo a la luz. Sin embargo, Álex y Cristina tienen herramientas que usar mientras superan sus respectivos problemas. Ella también ha trabajado mucho en su propia sanidad para restaurar su pasado. Y continúan creciendo, individualmente, como pareja y como familia.

La terapia de Álex duró casi tres años. Le llevó aproximadamente un año romper con su ciclo adictivo. Durante ese período de tiempo, construyó una sólida red de apoyo y aprendió muchas habilidades para conseguir un mejor sentido de su identidad. A través del progreso de su niño interior, las heridas de su pasado emergieron. La sanidad tuvo lugar a través de varios métodos, como ya he descrito. Álex experimentó la identidad de su propio género masculino mientras retiraba las barreras de desapego entre él y su padre y su hermano. Sus necesidades fueron satisfechas mediante vínculos saludables con varones. Aprendió más sobre las mujeres siendo mentoreado por una mujer generosa. La sesión de Sanidad Familiar ayudó a crear una oportunidad de establecer nuevas relaciones con su padre, su madre y sus hermanos. Álex sigue creciendo cada día como hijo de Dios, como marido, como padre y como un hombre con poder en el mundo.

Esta es una descripción muy breve de las Cuatro Etapas de resolución de la AMS indeseada. Una vez más, te ruego que leas los capítulos cuatro y seis de *Comprender y sanar* para una explicación más detallada sobre el proceso de sanación y varias técnicas y herramientas terapéuticas. Además, lee nuestro *Manual del Programa de Formación para Consejeros* (y mira la serie de videos) para más modalidades terapéuticas.

La necesidad del contacto físico saludable en el proceso de sanación

Me siento obligado a abrir esta proverbial «caja de Pandora», ya que muchos terapeutas tienen miedo de abordar el tema del toque físico en el proceso de sanación. Como el cliente mencionado que luchaba con la AMS indeseada, experimentar un contacto físico saludable también fue un requisito previo para mi transformación y mi paso de madurez hacia la masculinidad. Yo había sido abusado sexualmente por mi tío cuando tenía cinco años, y también fui apaleado por mi hermano mayor. Nunca había sido tocado, abrazado o cogido en brazos por mi papá. Así que había sufrido abuso tanto en el contacto físico como en la privación de contacto físico. Como sustituto, tuve sexo con hombres en un intento fallido de llenar el espacio vacío en mi alma. Eso no bastó, ni llegó a sustituir nada. Sin la participación de tres mentores varones heterosexuales, que me ofrecieron el regalo de un toque físico saludable, nunca me habría sanado y convertido en el hombre que soy hoy. Como terapeuta, entiendo la importante necesidad de contacto saludable para muchos de quienes desean resolver su AMS indeseada.

Por favor, lee el capítulo diez (páginas 253-264) titulado «El tacto: la necesidad de vínculos y de apegos» en *Comprender y sanar*, y la sección de «Tacto» de mi libro reciente *Sanando la Humanidad: tiempo, tacto y trato*. Allí describo cómo todos necesitamos experimentar un contacto físico saludable con regularidad. En cuanto a esto, tres científicos me influyeron, personal y profesionalmente:

1) Dr. Ashley Montagu (Universidad de Princeton), *Tacto: la importancia de la piel en las relaciones humanas* (Barcelona: Paidós, 2016).
2) Dra. Martha G. Welch (Universidad de Columbia), *El abrazo que calma y reconcilia* (México: Pax, 2001).
3) Dra. Tiffany Field (Universidad de Miami), ejerce como Directora del Instituto de Investigación del Contacto Físico.

Hay estudios más recientes y libros maravillosos sobre nuestra innegable necesidad de contacto físico saludable, y la aplicación del toque en el entorno terapéutico y el proceso de sanación.

Es fundamental comprender la importancia del contacto físico saludable en el proceso de sanación, puesto que muchos hombres y mujeres que experimentan AMS indeseada sufren de privación de toque. ¿Por qué se han visto privados de contacto? Básicamente, hubo una disrupción en el apego entre ellos y su progenitor del mismo género y/o sus pares del mismo género. Muchos otros tenían un apego excesivo a su progenitor del género opuesto y/o sus pares del género opuesto. Por lo tanto, en el proceso de reclamar su propia y auténtica identidad de género, es necesario que haya una resolución de esta necesidad de apego mediante relaciones sanas no sexuales de su mismo género.

El contacto físico debe administrarse con gran compasión, sensibilidad y comprensión, en los momentos correctos y por parte de las personas correctas. Quienes ofrecen un toque saludable deben estar seguros de su identidad de género masculina o femenina. Los candidatos ideales son hombres y mujeres maduros, felizmente casados. Si los padres del individuo están disponibles, dispuestos y son emocional y mentalmente saludables, son los candidatos óptimos para proporcionar este regalo del contacto físico saludable. Sin embargo, si no están disponibles, dispuestos o si son malsanos, desaconsejo que sean ellos quienes otorguen el toque al hombre o mujer en recuperación.

En nuestro *Manual del Programa de Formación para Consejeros* (solo disponible en Inglés), planteo la aplicación del contacto físico saludable en el proceso de sanación cubriendo los temas siguientes:

1) Desarrollo de una identidad de género saludable
2) Las cuatro etapas de la recuperación
3) Tres etapas en la relación de mentoreo
4) Cuidarse adecuadamente a uno mismo: evitar relaciones codependientes

Además, lee el capítulo doce «El mentor: la restauración del amor» (páginas 273-298) de *Comprender y sanar*. Hay dos temas diferenciados aquí:

1) Dar y recibir contacto físico saludable en la vida de uno
2) El uso del toque saludable en el entorno terapéutico

No estoy promoviendo la práctica del contacto físico entre el terapeuta y el cliente. Lo que quiero destacar es que el cliente necesita encontrar amigos y mentores saludables y heterosexuales que puedan otorgar el regalo de un toque físico sano. Dicho esto, sé que es extremadamente difícil para estos hombres y mujeres encontrar mentores que estén dispuestos a demostrar cómo es el contacto físico sano. A menudo sugiero a los clientes, después de que creen una relación saludable, sea con un amigo o un mentor, que compartan este tema con delicadeza, por ejemplo: «Cuando era pequeño, nunca viví la experiencia de que mi padre u otro miembro varón de la familia me cogiera en brazos, me abrazara o me tocara. Te agradecería mucho si estuvieras dispuesto a darme un abrazo. No tengo un interés sexual ni nada así, solo un abrazo sano entre dos amigos» Este es solo un ejemplo. Cuando alguno de mis clientes creaba una relación cercana con un amigo y/o mentor, les sugería que les mostraran las fotos de abrazos y contacto saludable en *Comprender y sanar*, página 285 (ver fotos a continuación). Además, invitaba a mi cliente a que trajera a su mentor o mentores a una sesión para poder demostrar un contacto físico y un abrazo saludable. Esto ha funcionado de maravilla, tanto en presencial como en sesiones por videoconferencia.

Y ahora, el tema que no debería osar mencionar: ¿es apropiado, en algún momento, que el terapeuta abrace a su cliente? Lo creas o no, hay estudios científicos que analizan la necesidad y la aplicación del contacto físico en el proceso de sanidad entre el terapeuta y el cliente. Estos son dos de ellos:

> « Uso del contacto físico en la "Terapia Conversacional": Un viaje a la periferia de la psicoterapia» [Use of physical touch in the «Talking Cure»: A journey to the outskirts of psychotherapy], Verena Bonitz, Asociación Psicológica Americana // American Psychological Association, «Psychotherapy, Theory, Research, Practice, Training», Vol. 45, Nº 3, 391-404, 2008.
>
> https://www. scribd.com/document/ 48292116/Bonitz-2008Use-of-Physical-touch-1#

El abstract (extracto) dice lo siguiente:
«La presente reseña literaria examina cómo el contacto físico se ha empleado por parte de terapeutas con sus clientes en la psicoterapia verbal tradicional. Las actitudes y prácticas de los terapeutas se presentan en un contexto histórico, empezando por el tratamiento médico de la histeria femenina en el siglo XIX y concluyendo con las cuestiones actualmente a debate. El uso del contacto en terapia ha sido altamente controvertido desde que Freud estableció su principio de abstinencia. Este estudio tiene

intención de ofrecer una visión general de las distintas posturas de influyentes terapeutas en el uso del contacto físico y sus razonamientos para tener o no ese contacto con sus clientes, incluyendo los factores contextuales que han moldeado el uso del contacto físico a lo largo del tiempo. Así mismo, se incluyen los descubrimientos pertinentes de investigaciones sobre el uso del contacto físico en psicoterapia. La reseña concluye con recomendaciones prácticas en cuanto al uso del contacto físico en el entorno terapéutico contemporáneo.» (PsycINFO Database Record (c) 2010 APA, todos los derechos reservados.)

> «Explorando el uso del contacto físico en el entorno psicoterapéutico: Una reseña fenomenológica» [Exploring the use of touch in the psychotherapeutic setting: A phenomenological review], James E. Phelan, «Psychotherapy Theory, Research, Practice, Training», American Psychological Association, Vol. 46, No. 1, 97-111, 2009. https://www.academia.edu/33514359/Exploring_the_use_of_touch_in_the_psychotherapeutic_setting_A_phenomenological_review

El abstract (extracto) dice lo siguiente:

«Este estudio proporciona una síntesis de la literatura concerniente a la dualidad del contacto físico y la conversación entre terapeuta y cliente en el entorno de la psicoterapia. Contempla las consideraciones éticas, las prohibiciones y las actitudes en cuanto al contacto físico en el campo psicoterapéutico. Adicionalmente, observa la percepción del cliente de este contacto, los tipos de contacto, los paradigmas, los razonamientos en cuanto al uso del contacto físico, consideraciones religiosas y culturales, los efectos del contacto y las implicaciones de la investigación. Pese a las reservas y a la falta de formación en cuanto al uso del contacto físico en la psicoterapia, hay una variada bibliografía para respaldar sus usos, beneficios, efectividad y fundamentos lógicos, en la misma medida que hay una bibliografía variada sobre prohibiciones, contraindicaciones y precauciones en cuanto a su uso.»

Hay más estudios científicos en cuanto al empleo del contacto físico en el entorno terapéutico. No abogo por su uso, meramente estoy visibilizando lo que muchos terapeutas hacen sin compartirlo nunca con sus colegas. Así que, ¿deberías abrazar a tus clientes? Eso queda enteramente entre tu cliente y tú. Si decides hacerlo:

1) Asegura que tu acuerdo de consentimiento informado (el contrato con tu cliente) establezca claramente cómo el empleo del contacto físico es específicamente por propósitos terapéuticos, y que el cliente tiene el derecho a aceptar o rechazar este método.

2) Establece límites saludables y discute la obvia transferencia que va a tener lugar, p. ej., vas a representar al padre que nunca tuvo, te convertirás en el primer varón con el que establece un vínculo, es posible que el cliente se sienta sexualmente excitado mientras se le abraza, etc.

3) ¿Has experimentado un contacto físico saludable mientras crecías, o durante tu propio proceso? Uno no puede dar a otros algo que no haya experimentado y que no experimente regularmente hoy en día.

Es imperativo discutir todos los aspectos del uso del contacto físico sano si decides hacer esto con un cliente.

Para ser sincero, proveí de abrazos saludables a clientes durante mis primeros quince años de ejercicio (desde entonces lo que he hecho es enseñar a sus mentores y amigos a que ellos sean los que proporcionen esto, entrenándoles en persona o en sesiones por videoconferencia). Se discutían los límites sanos, y siempre procesábamos después lo que el cliente había experimentado. Mi regla de oro era «¡Primero se saca la basura, después se entra en los abrazos!». Me refiero a que, con mucha frecuencia, primero necesitarían desahogarse, expresar (de forma constructiva) cualesquiera sentimientos dolorosos y/o furiosos. Entonces, si expresaban la necesidad, les abrazaba como lo hice con mis tres hijos (hoy ya adultos) mientras crecían. Era imperativo para mí permanecer siempre en la posición parental, mientras el cliente quedaba en la posición de hijo.

Solo se atendían las necesidades del cliente. Si yo experimentaba cualquier contratransferencia, trataba con eso más tarde, fuera, en mi propio tiempo de procesamiento o con un supervisor o mentor. Es de máxima importancia para el terapeuta que nunca vea sus necesidades satisfechas por el cliente. Eso volvería a hacer parental al cliente, tal como puede haber experimentado cuidando de uno o ambos progenitores en su familia de nacimiento.

En conclusión, este asunto está enormemente pasado por alto en la literatura de la resolución de la AMS indeseada. En mi práctica clínica, y formando a miles de otros terapeutas en todo el mundo, siempre aludo a este asunto importante y omitido. Si enseñamos a hombres y mujeres, que experimentan AMS indeseada, cómo encontrar un sano contacto físico en relaciones no sexuales con personas del mismo género, se reducirá en gran medida el tiempo necesario de terapia y posiblemente se acelerará el proceso de curación.

Demostración de contacto físico saludable por Richard Cohen y su hijo menor, Alfred.

PARTE II

Fundamentos de la Asistencia a Familiares y Amigos con Seres Queridos con AMS: Doce Principios para el Cambio

Basado en: *Hijos gay, padres heterosexuales: ¿Qué hacer? Un plan familiar*, Richard Cohen, Libros Libres, Madrid, 2014).

Además de ayudar a hombres y mujeres a resolver su AMS indeseada, he ayudado a centenares de padres a reconciliarse con sus seres queridos LGBTQ+. En algunos casos, los padres pudieron ayudar a sus hijos a dejar atrás la homosexualidad, no mediante coacción sino estableciendo correctamente su amor. Permíteme que te dé una descripción muy resumida de este programa de doce pasos tal y como lo describo en *Hijos gay, padres heterosexuales: ¿Qué hacer? Un plan familiar*.

Introducción

Muchos padres y familiares quedan conmocionados al descubrir que su hijo o pariente dice que es gay, lesbiana, bisexual, transgénero, no binario, etc. «¿Qué pasó?» «Nuestro hijo ha crecido en una familia cariñosa y llena de fe.» «¿Es culpa nuestra? Sé que hemos cometido errores, pero, ¿de veras nosotros hemos hecho que esto ocurra?» «¿Qué podemos hacer?»

Quizá los padres se vean asaltados por la culpa, la vergüenza, la ira, el dolor y mucho más. Quizá sus sueños de tener nietos (de ver a sus hijos casados con alguien del sexo opuesto) se estén viendo frustrados. Quizá juzgaron a su hijo o hija cuando «salió del armario». Todas estas respuestas son normales. Siempre le digo a los padres: «Vosotros no creasteis la atracción por el mismo sexo (AMS) de vuestro hijo, ni ninguna identidad LGBTQ+. Esto es siempre resultado de muchos factores coadyuvantes; temperamentales, ambientales y familiares. La AMS es un fenómeno biopsicosocial. Lo más frecuente es que represente heridas en el corazón que no se han sanado, y necesidades afectivas legítimas insatisfechas.»

También les digo: «No os preocupéis si dijisteis muchas cosas equivocadas cuando os lo confesó. Podéis restaurar y mejorar la relación con vuestro ser amado con AMS/LGBT+. Podéis estar seguros de que en lo más profundo de su interior, está hambriento/a de vuestro amor, aceptación y aprobación. Lo más probable es que a vuestro ser querido le haya llevado muchos años "salir del armario"»

Los padres pueden temer que otros se enteren de que tienen un hijo LGBTQ+, p. ej., familiares, amigos y miembros de su comunidad religiosa. Tendrás que ayudarles a gestionar sus miedos (se incluyen ejercicios para hacerlo en el libro). También es parte de tu trabajo enseñarles que el cambio se da cuando la sanidad ocurre: cuando se aborden las heridas, y las necesidades de amor insatisfechas sean provistas en relaciones sanas con el mismo género, es cuando su hijo podrá experimentar la plenitud de su identidad de género, y podrán darse deseos heterosexuales. En lo más profundo, su hija o hijo con AMS ha sentido, durante la mayor parte de su vida, «no pertenezco», «no encajo» y «soy diferente» de los demás chicos o chicas. La AMS se basa en pensamientos y emociones de desapego de uno mismo y de los demás que se han internalizado. Por lo tanto, llevará tiempo contrarrestar los años de pensar y sentirse de ese modo.

A continuación, les instruyo sobre la socialización del paradigma LGBTQ+: «se nace gay y no se puede cambiar» Como describí en la Parte I, les informo sobre las Siete etapas de salir del armario: 1) Causas de la AMS, 2) Inicio de las atracciones por el mismo sexo, 3) Conflicto debido a la AMS, 4) Necesidad de pertenencia, 5) Adoctrinamiento, 6) Aceptación de la identidad como gay, lesbiana, bisexual, transgénero, no binario, etc., y 7) Proceso de «salir del armario». En general, los padres son los últimos en enterarse. ¿Por qué? ¿Porque son los menos importantes? No, es porque son los más importantes. Su hijo o hija estaba construyendo una red de apoyo entre la comunidad pro-gay, en caso de que sus padres le rechazaran y le retiraran su amor.

Instruyo a los padres a que no insistan nunca en que su hijo vea a un terapeuta para que le ayude a «cambiar». A lo largo de años de adoctrinamiento a través de las páginas web LGBTQ+, las redes sociales, las películas, etc., se les ha enseñado que:

1) Este tipo de terapia (peyorativamente llamada «Terapia de Conversión») conduce a la depresión y potencialmente al suicidio.
2) No funciona y causa más daño.
3) Este concepto de «cambio» es rechazado por la mayoría de Organizaciones de salud mental.
4) Quienes promueven esta terapia son homófobos y anti-gays.
5) Quienes creen en esto ignoran lo que afirma la ciencia, p. ej., que se nace gay y no se puede cambiar.

Por tanto, los padres nunca deberían presionar a su hijo a «cambiar» o a ver a un terapeuta con este propósito.

Resumen de este programa para padres, familiares y amigos de seres queridos con AMS:

1) Educarse en cuanto a la AMS.
2) Educarse en cuanto al movimiento homosexual

3) En este punto están entrando en el mundo de su ser amado con AMS; sentimientos de culpa, vergüenza, no pertenencia, temor de qué pensarán y cómo se sentirán los demás en cuanto a él o ella… todos estos sentimientos y pensamientos son lo que su ser amado con AMS ha experimentado durante muchos años.
4) Reunirse con su persona amada con AMS: escuchar, aprender y usar habilidades buenas de comunicación.
5) Establecer confianza, hacer cosas juntos, asistir a sus reuniones.
6) Buscar ayuda profesional para sí mismos: terapia, seminarios, sesiones de sanidad familiar.
7) Orar: puedes leer más en cuanto a esto en el paso tres.

La meta de este plan de tratamiento en 12 pasos es crear intimidad y un vínculo seguro entre padre e hijo y madre e hija; facilitar la vinculación con familiares y amigos del mismo género; poner en orden el amor, y crear límites saludables con el progenitor del género opuesto. En este programa de 12 pasos hay detalles sobre cómo los padres y familiares pueden volver a ganarse el corazón de su ser amado con AMS.

A lo largo de los últimos 35 años de mi práctica clínica, el 90% de las veces, las madres son quienes llaman a nuestra oficina si tienen un hijo con AMS, y los padres son quienes llaman si hay una hija con AMS. Realmente, la mayoría de las veces esto se corresponde con parte del por qué de la situación. Sin embargo, si un padre llama por su hijo con AMS, creo que puede haber un mejor pronóstico de cambio y de éxito. Si una madre llama por su hija con AMS, también esto presagia mayor esperanza de un cambio real. Y el cambio más importante será modificar las dinámicas del sistema familiar al completo. Se explica más a este respecto en el plan de 12 pasos.

Instruye a los padres, familiares y amigos a que NO repitan constantemente sus postulados morales sobre la homosexualidad a sus seres queridos con AMS. *Declarar esto una sola vez es suficiente.* Parte de la AMS es un comportamiento en oposición, debido al desapego defensivo con su progenitor del mismo género y con familiares y pares del mismo género. Este desapego ha resultado en un corazón y un alma heridos. En lo profundo de todo aquel que experimenta AMS indeseada o confusión de género hay un niño herido y enojado. Si los padres repiten sus posturas morales y religiosas sobre la homosexualidad más de una vez, apartarán a su hijo aún más, empujándole hacia la comunidad homosexual. Los padres deben ser sabios y ofrecer amor incondicional en todo momento.

Además, recomiendo que no utilicen el término «estilo de vida homosexual» Llamarlo estilo es tan ofensivo para ellos como sugerir que ellos escogen voluntariamente experimentar AMS. «¿Estás viviendo un 'estilo' de vida homosexual?» «No es mi 'estilo'. ¡Es quién soy!» Este importante matiz me lo enseñó un increíble obispo LGBTQ+ en Washington D.C.

Estas son las palabras mágicas que los padres deben compartir con sus hijos con AMS: «Te amo y te acepto tal y como eres». ¡¿Qué?! Cohen, ¿te has vuelto loco? No, no estoy loco. Estas palabras están diseñadas específicamente para ayudar al hijo a experimentar verdadero amor y aceptación genuina (sé que los padres pueden necesitar un intenso proceso interno antes de ser capaces de decir esto de forma genuina y con amor). «Te amo y te acepto tal y como eres». Así es como Dios piensa de cada uno de nosotros. No siempre está de acuerdo con nuestras elecciones y comportamientos, y nunca deja de derramar Su amor incondicional. Los padres van a entrar en un nuevo reino de amor.

Muchos padres preguntan: «Si digo esto, ¿no pensará que aprobamos su comportamiento?». Mi respuesta es: «No importa lo que piense. Mientras continúen demostrando amor incondicional, estarán asentando los cimientos de un cambio real.» «Sí, pero, ¿y si mi hijo pregunta '¿Significa esto que has cambiado de opinión? ¿Me das tu aprobación a que viva una vida gay?'». Muy bien, escucha cuidadosamente. Los padres deben SONREÍR mientras niegan con la cabeza y dicen «No», seguido rápidamente por los padres afirmando con la cabeza mientras dicen: «¡Y te amo y te acepto tal y como eres!». ¡Voilá! La verdad se declara en amor, en amor incondicional.

Es imperativo sonreír mientras se dice «No», negando simultáneamente con la cabeza; y cambiar entonces rápidamente a «Y te amo y te acepto tal y como eres» mientras se asiente con la cabeza. Esto es contraintuitivo, ¡pero funciona! En todos mis años mentoreando a padres, se ha demostrado que es cierto.

Hay una gran diferencia entre aceptación y aprobación. Puedo aceptar a alguien incondicionalmente, mientras que al mismo tiempo desapruebo sus elecciones o comportamientos. Sin embargo, me reservo mis pensamientos de desaprobación. Esta estrategia se diseñó a lo largo de muchos años de prueba y error, y ha demostrado su eficacia en su aplicación en el trato con seres queridos con AMS.

Debes advertir a los padres que no intenten educar a un ser amado LGBTQ+ sobre la verdadera ciencia de la AMS, de que la gente no nace esencialmente de este modo y que el cambio es posible. Mi lema es:

> *Conquista el corazón, y la cabeza lo seguirá.*

No puedes persuadir a alguien de que no experimente AMS. No puedes convencerle de que esto está «mal» o que es «malsano», «opuesto a las verdades religiosas» o «sin verdadera base científica». No funcionará.

PARTE II: FUNDAMENTOS DE LA ASISTENCIA

Conquista el corazón, y la cabeza lo seguirá.

Voy a compartir muchos ejercicios prácticos con los que los padres pueden demostrarle un amor real a su hijo con AMS.

Casarse con alguien del sexo opuesto nunca es la solución para la AMS. Primero, deben sanar su propia identidad masculina o femenina, y entonces y solo entonces pueden tener éxito con alguien del sexo opuesto.

Será Dios quien haga el cambio.
La responsabilidad de los padres, familiares
y/o amigos es amar incesantemente,
en todas las formas posibles.

Es imperativo para los familiares que cuiden de sí mismos, de su relación entre ellos y de sus otros hijos. Esto es una maratón, no un sprint. Necesitan experimentar el amor de Dios; cuidar de sí mismos y los unos de los otros, y crear una comunidad de amor. Puede que suene ridículo; sin embargo, la AMS del hijo se convertirá al cabo en una bendición si provoca que los padres comiencen este viaje de sanidad. Eventualmente esto puede transformarles no solo a ellos, sino a toda su familia. ¡Garantizado o les devuelvo el dinero!

Finalmente, este es el lema y el tema de este plan estratégico:

Esta es una batalla de amor, ¡y gana quien ame más y por más tiempo!

Le pido a los padres que guarden este lema en una nota en sus teléfonos, en algún sitio donde puedan verlo varias veces al día, repitiéndolo una y otra vez:

Esta es una batalla de amor, ¡y gana quien ame más y por más tiempo!

De acuerdo a la investigación de los terapeutas LGBTQ+, los varones con AMS que están con una pareja a largo plazo suelen acordar tener sexo con otros hombres gays fuera de su relación. En las parejas de mujeres con AMS, a menudo hay un alto grado de turbación emocional, y en ocasiones esa turbación puede volverse violenta. Si la relación del hijo termina, los padres serán los que permanezcan ahí. Serán ellos quienes reconforten a su hijo o hija después o durante sus vicisitudes de dolor.

Esta es una batalla de amor, ¡y gana quien ame más y por más tiempo!

PARTE II: FUNDAMENTOS DE LA ASISTENCIA

Temario para un grupo de apoyo para padres

He facilitado grupos de apoyo para padres durante años. Este es el temario o plan de estudios para que puedas ver cómo guie a estos grupos, y los muchos deberes para hacer en casa que se exigía a los padres. La investigación demuestra que quienes hacen deberes en su terapia se sanan más deprisa. A los padres les digo: «Es imperativo que cambiéis vuestra perspectiva: de cambiar a vuestro hijo a cambiar vosotros mismos, cambiar vuestra relación de pareja (si aún están casados) y la dinámica de vuestro sistema familiar.»

Nota: Todos los grupos participantes necesitarán su propia copia de *Hijos gay, padres heterosexuales: ¿Qué hacer? Un plan familiar*.

Semana 1: Introducción:

1. Presentaos, empezando por vuestros nombres (máximo 5-7 minutos por familia, dependiendo de cuántas parejas/individuos haya presentes):
2. ¿En qué lugar del mundo vivís?
3. ¿Edades de vuestro hijo o hijos?
4. Contadnos un poco de vuestra situación familiar y vuestro hijo con AMS
5. ¿Qué queréis aprender y conseguir de esta clase/grupo de apoyo?

- Revisa el temario completo y envía por correo electrónico a los participantes La Rueda de los Sentimientos para que la pongan en práctica (puedes descargar la Rueda de los Sentimientos de nuestra página web: https://www.timetouchandtalk.com/time).

Deberes:
1) Practicad el uso de la Rueda de los Sentimientos a diario: comparte con tu cónyuge dos palabras de emoción, y qué hay detrás de tus sentimientos.
2) Leed la Introducción y el paso uno de *Hijos gay, padres heterosexuales: ¿Qué hacer? Un plan familiar* (*HGPH*).
3) Haced el ejercicio del paso uno sobre compartir con vuestro hijo con AMS (tratar con vuestra culpa y vergüenza), tanto el marido como la esposa. No hagáis este ejercicio con vuestro hijo con AMS. Esto es para que vosotros expurguéis la culpa y vergüenza de vuestra alma. Haced el ejercicio con vuestro cónyuge o con un amigo de confianza.

Semana 2:
1. Cada participante presentará dos palabras de emoción.
2. Comparte sobre los deberes: ¿Qué aprendisteis leyendo la Introducción y el paso uno? Deja

que cada persona comparta brevemente, dependiendo del número de participantes.
3. ¿Hiciste el ejercicio de compartir tu culpa y vergüenza en cuanto a tu hijo con AMS? ¿Cómo fue para ti? (Repite el ejercicio tan a menudo como sea necesario).
4. ¿Cómo estás cuidando de ti y de la relación con tu cónyuge (si aún estáis casados)?
5. Enseña sobre los puntos principales de la Introducción y el paso uno.

[Como facilitador, ten en cuenta a quienes hablan mucho y a quienes no comparten. Asegúrate de mantener el equilibrio entre ambos tipos. Haz preguntas a los más callados para que compartan, y pide a los más habladores que den oportunidad de hablar a los demás. Además, mantén el equilibrio entre las respuestas positivas y los que pueden tender a compartir solo cosas negativas.]

Deberes:
1) Practica el compartir dos palabras de emoción diarias con tu pareja, y lo que hay detrás de tus sentimientos.
2) Lee los pasos dos y tres de *HGPH*.
3) Haz una lista de miembros de tu red de apoyo. Empieza a desarrollar una red de apoyo si no tienes una. Crearemos un listado online de los padres en nuestro grupo, si deseáis compartir y daros apoyo unos a otros.

4) Adquiere *Autoestima en Diez Días* de David Burns, y *Recuperación de tu niño interior* de Lucía Capacchione. Empieza a hacer los ejercicios de cualquiera de estos dos libros. Comparte tus deberes con tu cónyuge. Tómate tu tiempo, haz un capítulo cada dos semanas. No son solo libros que leer, sino cuadernos de ejercicios.

Semana 3:

1. Cada participante presentará dos palabras de emoción.
2. Compartid sobre lo que habéis aprendido en los pasos dos y tres de *HGPH*.
3. ¿Cómo te está yendo con tus deberes? ¿Y desarrollando tu red de apoyo?
4. ¿Has empezado a hacer los ejercicios de «Recuperación de tu niño interior»? (después de terminar con los ejercicios del niño interior, empieza a hacer «Autoestima en Diez Días»). ¿Cómo te ha ido?
5. Enseña sobre los puntos principales de los pasos dos y tres de *HGPH*. También, si el tiempo lo permite, enseña sobre las Diez causas o factores de la AMS.

Deberes:
1) Practica el compartir dos palabras de emoción diarias con tu pareja, y lo que hay detrás de tus sentimientos.

2) Haz el ejercicio de visualización creativa: enviadme por correo electrónico vuestras tres visualizaciones (ver página 66 de *HGPH* para más detalles: ver, decir, sentir)
3) Continúa con los ejercicios de los libros del niño interior o de la Autoestima.
4) Lee el paso cuatro de *HGPH*.

Semana 4:

1. Cada participante presentará dos palabras de emoción.
2. ¿Cómo te está yendo con tus visualizaciones (ver, decir y sentir)?
3. ¿Qué aprendiste en el paso cuatro de *HGPH*?
4. ¿Cómo están yendo los ejercicios del libro del niño interior y/o la Autoestima?
5. Revisa el paso cuatro de *HGPH* tanto como sea necesario.

Deberes:
1) Practica el compartir dos palabras de emoción diarias con tu pareja, y lo que hay detrás de tus sentimientos.
2) Haced una lista de lo que creáis que ha contribuido a la AMS de vuestro hijo (*HGPH* pág. 70-75). [Cada uno de los padres la hace por su lado y entonces comparten sus listas el uno con el otro. Por último, hacen una lista combinada de por qué creen que su hijo experimenta AMS.]

3) Comenzad a crear un plan para tratar con la situación de vuestro hijo, basado en sus heridas no sanadas y en sus necesidades afectivas insatisfechas (hay ejemplos de planes de tratamiento en el apéndice de *HGPH*).
4) Visitad 4 páginas web: 2 pro-LGBTQ+ / 2 pro-sanidad. Por ejemplo:

Las páginas web pro-LGBTQ+ incluyendo:
- https://www.hrc.org
- https://www.glsen.org

Las páginas web pro-sanidad incluyendo:
- https://www.pathinfo.org
- https://www.therapeuticchoice.com

5) Continuad con los ejercicios de los libros del niño interior o de la Autoestima.

Semana 5:

1. Cada participante presentará dos palabras de emoción.
2. Comparte sobre tus deberes: crear las evaluaciones y comenzar a hacer tus planes de tratamiento.
3. ¿Qué has aprendido en las páginas web LGBTQ+? ¿Y en las páginas web sobre sanidad?
4. ¿Qué asuntos han llamado tu atención que necesitas atender personalmente?
5. ¿Cómo están yendo los ejercicios del libro del niño interior y/o la Autoestima?

Deberes:
1) Practica el compartir dos palabras de emoción diarias con tu pareja, y lo que hay detrás de tus sentimientos.
2) Seguid trabajando en vuestro plan de tratamiento para vuestro hijo con AMS.
3) Haced un horario de actividades; cread metas SMART (Simples, Mensurables, Alcanzables, Realistas, a Tiempo).
4) Leed el paso cinco de *HGPH*.

Semana 6:
1. Cada participante presentará dos palabras de emoción.
2. ¿Qué has aprendido leyendo el paso cinco de *HGPH* o de otra parte durante la semana?
3. ¿Cómo está yendo la creación de vuestro plan de tratamiento?
4. ¿Cómo están yendo los ejercicios del libro del niño interior y/o la Autoestima?
5. Revisa el paso cinco de *HGPH*, Una comunicación eficaz.

Deberes:
1) Practica el compartir dos palabras de emoción diarias con tu pareja, y lo que hay detrás de tus sentimientos.
2) Practicad la escucha efectiva y las técnicas de compartir con vuestro cónyuge, hijo/hijos,

amigos, compañeros de trabajo… Practicad el uso de técnicas de comunicación eficaz un mínimo de tres veces por semana.
3) Seguid trabajando en los pasos de vuestro plan de tratamiento. ¡Celebrad cada victoria!
4) Leed el paso seis de *HGPH*.

Semana 7:

1. Cada participante presentará dos palabras de emoción.
2. ¿Cómo está yendo usar las técnicas de comunicación para compartir y escuchar de forma efectiva?
3. ¿Qué has aprendido del paso seis de *HGPH*?
4. Discutid el paso seis de *HGPH* y los ejercicios.
5. ¿Cómo avanza tu plan de tratamiento?

Deberes:
1) Practica el compartir dos palabras de emoción diarias con tu pareja, y lo que hay detrás de tus sentimientos.
2) Escribid afirmaciones para vuestro hijo (cada uno de los padres lo hace por separado). Enviadlas por correo electrónico al terapeuta para revisarlas.
3) Escribid una carta a vuestro hijo expresando vuestros remordimientos y pidiendo perdón (cada uno de los padres escribe su propia carta), fuera del contexto de la AMS o la confusión de género. No compartáis (todavía) esto con vuestro hijo.

4) Continúa con los ejercicios de los libros del niño interior o de la Autoestima.

Semana 8:

1. Cada participante presentará dos palabras de emoción.
2. ¿Cómo está yendo el desarrollar tus afirmaciones y escribir la carta?
3. ¿Cómo están yendo los ejercicios del libro del niño interior y/o la Autoestima?

Deberes:
1) Practica el compartir dos palabras de emoción diarias con tu pareja, y lo que hay detrás de tus sentimientos.
2) Ved películas, por ej., «El Amo de la Casa» (Latinoamérica) / «El Novio de mi Madre» (España) (la versión antigua con Chevy Chase y Farrah Fawcett) y «La Casa de mi Vida».
3) El padre del mismo género se sumará con su hijo a una actividad escogida por este último, y en la próxima clase compartirá sobre ello.
4) Leed el paso siete de *HGPH* y determina el lenguaje del amor y los intereses de tu hijo.

Semana 9:

1. Cada participante presentará dos palabras de emoción.
2. Comparte algo que fuera útil o desafiante.

3. ¿Qué has aprendido del paso siete de *HGPH*?
4. Cada progenitor comparte cómo le está yendo con el cambio de su sistema familiar y las dinámicas de esta.

Deberes:
1) Practica el compartir dos palabras de emoción diarias con tu pareja, y lo que hay detrás de tus sentimientos.
2) Leed los pasos ocho y nueve de *HGPH*.
3) Seguid trabajando en el Plan de Tratamiento y haciendo los ejercicios del libro.
4) Continuad con los ejercicios de los libros del niño interior o de la Autoestima.

Semana 10:
1. Cada participante presentará dos palabras de emoción.
2. Comparte algo que fuera útil o desafiante, y lo que has aprendido de los pasos ocho y nueve de *HGPH*.
3. ¿Cómo están yendo los ejercicios del libro del niño interior y/o la Autoestima?
4. ¿Está el progenitor del género opuesto respaldando y apoyando que el progenitor del mismo género se vincule con su hijo o hija?
5. ¿Cómo le va al progenitor del mismo género haciéndose más cercano al hijo con AMS?

Deberes:
1) Practica el compartir dos palabras de emoción diarias con tu pareja, y lo que hay detrás de tus sentimientos.
2) Leed los pasos diez, once y doce de *HGPH*.
3) Seguid haciendo los ejercicios de *HGPH*.
4) Continuad con los ejercicios de los libros del niño interior o de la Autoestima.

Semana 11:
1. Cada participante presentará dos palabras de emoción.
2. Comparte algo que fuera útil o desafiante.
3. ¿Qué has aprendido de los pasos diez al doce de *HGPH*?
4. ¿Cómo están yendo los ejercicios del libro del niño interior y/o la Autoestima?
5. Enseña sobre los pasos diez, once y doce de *HGPH*.

Deberes:
1) Practica el compartir dos palabras de emoción diarias con tu pareja, y lo que hay detrás de tus sentimientos.
2) Terminad de escribir vuestras Metas a Corto y Largo Plazo de los planes de tratamiento para la sanidad familiar (tenéis ejemplos en el apéndice de *HGPH*).

3) Haced una lista de personas que pueden amar a vuestro hijo: en particular sus hermanos, familiares, amigos y miembros de vuestra comunidad religiosa que sean de su mismo género.
4) Si habéis encontrado útil el libro, os ruego que vayáis a Amazon y escribáis una reseña positiva del libro de *Hijos gay, padres heterosexuales: ¿Qué hacer? Un plan familiar*. Os lo agradezco mucho ☺

Semana 12:

1. Cada participante presentará dos palabras de emoción.
2. Revisa tus Planes de Tratamiento (basándose en causas y necesidades; tenéis ejemplos en el apéndice de *HGPH*).
3. ¿Cuáles son las cosas más importantes que habéis aprendido del libro y de vuestro proceso hasta este punto?
4. ¿A dónde vais a partir de aquí?

Asegúrate de hacer que los padres compartan algo positivo durante cada sesión. Les es fácil caer en expresar solo cosas negativas. Por tanto, haz que al menos uno o algunos de los padres compartan pequeñas victorias en cada clase. Con un poco de suerte, esto inspirará a los demás. Por último, puedes organizar un grupo de padres a lo largo de un período de tiempo mucho más largo. El que acabas de leer, se trataba de un curso muy intenso de

12 semanas. Sería fácil hacer de él un Grupo para Padres de 20 semanas. Queda completamente a tu criterio. También puedes recomenzar el grupo y empezar de nuevo. Hay muchísimo que aprender e implementar en este libro/programa.

GUÍA PARA TERAPEUTAS

Resumen de los Puntos Clave de *Hijos Gay, Padres Heterosexuales:*

Hijos gay, padres heterosexuales: ¿Qué hacer? Un plan familiar
Richard Cohen, Libros Libres, Madrid, 2014

Sección Uno: Sanidad Personal

Paso Uno: Cuidarse Uno Mismo
Paso Dos: Hacer el Propio Trabajo
Paso Tres: Experimentar el Amor de Dios

Sección Dos: Sanidad Relacional

Paso Cuatro: Investigar las Causas de la Atracción por el Mismo Sexo (AMS)
Paso Cinco: Una Comunicación Eficaz
Paso Seis: Arregla la Situación Entre Vosotros y Vuestro Hijo con AMS
Paso Siete: Descubre el Lenguaje del Amor de tu Hijo y Participa en Sus Intereses
Paso Ocho: Padre del Mismo Sexo: Manifestar un Afecto Físico Apropiado-
Paso Nueve: Padre del Sexo Opuesto: Retroceder Dos Pasos

Sección Tres: Sanidad en Comunidad

Paso Diez: Crear un Ambiente de Acogida en Vuestro Hogar, Lugar de Culto y Comunidad
Paso Once: Novios, Novias, Ceremonias y Pasar la Noche Fuera
Paso Doce: Encontrar a un Consejero y Ser Consejero de Otros

© Richard Cohen, M.A., 2023

PARTE II: FUNDAMENTOS DE LA ASISTENCIA

Dos historias de padres que participaron en nuestras enseñanzas:

La vuelta a casa de una hija
(*Hijos Gay, Padres Heterosexuales*, 2016, pág 137-141)

Nos enteramos de la AMS de Sarah cuando tenía diecinueve años, pero tras saberlo, no hablamos mucho de ello. Cuando se fue a la universidad, Sarah nos confesó que había tenido una relación con otra chica de su grupo de jóvenes desde que tenía catorce años. Respondimos muy negativamente, creyendo que la homosexualidad era peor que el asesinato. También teníamos la idea que la homosexualidad era una elección. Pensábamos que ella estaba escogiendo esto.

En vez de compasión y empatía, respondimos con juicio. Le dijimos: «Vas a ir al infierno. Este comportamiento es pecaminoso». Después de eso, tuvimos varias discusiones. Se mudó y se involucró más en la comunidad gay del centro de la ciudad. Se sentía mucho mejor con ellos. Allí, la aceptaban.

Pasamos cuatro años en esa situación. La ayudábamos económicamente, pero en todo lo demás estábamos en conflicto. No conectábamos de ninguna forma. Más tarde nos reveló que solo quería que fuéramos allí, especialmente su madre, que la recogiera y la trajera a casa. Nos dijo que había experimentado las experiencias más brutales de su vida viviendo con la comunidad gay. «Mamá, papá, ¡me arrojásteis a los lobos!»

Y sabemos que todavía no nos lo ha contado todo. Nuestra hija se sintió abandonada: para ella, las dos personas que más amaba y necesitaba la habían dejado sola. Llegó a contemplar el suicidio, pero no lo hizo ¡porque pensó que eso nos haría mucho daño!

En realidad ella era como una niña que estaba buscando amor en los lugares incorrectos, porque no la habíamos comprendido del modo en que ella necesitaba en su momento. No la amamos como Dios la amaba. Lo que nosotros le habíamos dicho era cómo queríamos que fuera y cuánto necesitábamos que se ajustara a nuestras exigencias. Eso la arrojó directamente a los brazos del triste mundo gay. A veces éramos amables, pero de la nada podíamos estar furiosos y decirle cosas como «¿Por qué sigues este horrible estilo de vida?». Éramos muy críticos con ella. Criticábamos a sus amigos, y nunca tuvimos trato con ellos.

Hace dos años y medio, íbamos a comprar una casa. El Espíritu de Dios nos movió a preguntarle si le gustaría venir a vivir con nosotros. La respuesta fue que lo haría si su novia podía venir también. De alguna manera, dijimos que sí. Ese fue el principio del restablecimiento de nuestra relación. Pero carecíamos de sustancia relacional. Continuábamos atascados en una mentalidad de que esto era un comportamiento rebelde y de su elección. Y seguíamos desatendiendo sus necesidades esenciales de amor.

Nuestra iglesia era muy reprobatoria contra la homosexualidad, así que no nos sentíamos cómodos hablando de esto con nadie. Al final, acabamos marchándonos, dolidos y angustiados. Dejamos de asistir a la iglesia e intentamos desesperadamente encontrar un lugar de pertenencia.

Un cambio importante tuvo lugar cuando su novia ¡gastó miles de dólares de nuestra tarjeta de crédito! Y nuestra hija tuvo la valentía para echarla de casa. Entonces le pedimos a Sarah que visitara a un terapeuta amigo nuestro de la iglesia. Finalmente aceptó verle una vez, y tras esa primera cita, empezó a tener sesiones regulares.

A finales de 2004, nos dijimos que debíamos hacer algo porque nos sentíamos profundamente desesperados. Yo (Papá) fui a mi despacho una mañana de sábado. Encontré en mi escritorio, entre un montón de papeles, una carta al editor de un periódico donde se mencionaba la homosexualidad. ¡La conservaba desde hacía tantos años que ya estaba de color amarillento! Creo que esto fue una intervención divina. Aquel artículo mencionaba a PFLAG (Parents, Families and Friends of Lesbians and Gays [Padres, Familiares y Amigos de Lesbianas y Gays]) y a PFOX (Parents and Friends of Ex-Gays and Gays [Padres y Amigos de Ex Gays y Gays]). Después, entré a la web de PFOX y hablé con la directora. Ella me habló de Richard Cohen. Y ahí empezó nuestro camino a la comprensión.

Antes de las navidades de ese año, habíamos estado andando en círculos sin llegar a ninguna parte. Esto estaba dañando nuestro matrimonio y nuestros corazones se habían entenebrecido, hasta que pudimos conocer a Richard. Entonces participamos en la clase para padres y asistimos a uno de los seminarios de sanidad de Richard. Conocer en ese seminario el sufrimiento y la dificultad de quienes luchan contra la AMS nos abrió los ojos. ¡Los vimos llorar y nos dimos cuenta que nuestra hija se sentía así también!

En los últimos ocho meses hemos progresado más que en los últimos seis años. Anoche, nuestra hija nos llamó diciendo: «Estoy pasándolo muy mal. ¿Puedo ir a casa y hablar con vosotros?». Esto jamás hubiera ocurrido antes. El punto de inflexión fue que comprendimos la verdad sobre la homosexualidad. Por fin entendimos que nuestra hija jamás escogió sentir atracción por el mismo sexo. Llegamos a comprender que la AMS es el resultado de muchas de sus experiencias vitales y sus percepciones de distintos eventos.

La verdad levantó el velo de la ignorancia de nuestras mentes y permitió que nuestros corazones amaran a nuestra hija tal y como ella necesitaba. La verdad nos hizo libres. Hace poco, Sarah nos dijo: «Durante seis años no he sentido que me amarais. Ahora me siento más cercana a vosotros que nunca».

Cuando comprendimos que ella ni había nacido así ni escogió sentir AMS, fuimos capaces de pasar de la ira y del juicio a la compasión y al amor. Esta fue la lección más grande que aprendimos en las clases para padres y en el seminario de sanidad de Richard Cohen. Allí fuimos testigos de los corazones heridos de muchísimos hombres y mujeres que luchan con la AMS. Tenemos un aprecio mucho mayor por nuestra hija ahora.

Nota del Autor: Te ruego que leas más de esta historia en *Hijos Gay, Padres Hetero* (páginas 137–141). Hoy en día, Sarah lleva 14 años casada con su marido y tienen tres hermosos hijos. Su familia está floreciendo de una forma maravillosa.

La experiencia de una pareja
(*Hijos Gay, Padres Hetero*, 2016, pág 165-169)

Mi esposa y yo somos pastores luteranos. Asistimos a una presentación que Richard Cohen dio dos semanas después de que nuestro hijo nos contara, con gran angustia y ahogado en lágrimas, que se sentía atraído por su mismo sexo. Aunque creíamos que las personas simplemente nacían así, no queríamos creer que fuera así en su caso, por la agonía y la persecución en potencia que sin duda iba a soportar viviendo esa *sexualidad innata*. Pero nunca admitimos a ninguno de nuestros hijos que no habíamos sido capaces de reconciliar nuestras creencias con las Escrituras.

Fuimos a escuchar a Richard hablar de comprender y sanar la homosexualidad. Nos sentamos en las últimas filas, para poder irnos si las cosas «se ponían demasiado raras». Su testimonio apasionado sobre sus treinta años de lucha con la AMS indeseada nos llegó al corazón y a la mente de un modo que no habíamos sentido nunca antes. Aunque en un principio nos sentimos incómodos cuando dijo que «nadie nace con AMS, y las personas sí pueden cambiar», lo que explicaba en el seminario tenía mucho sentido con lo que habíamos experimentado como familia criando a nuestro hijo y a nuestra hija. Al salir del auditorio, éramos incapaces de decir una palabra.

Compramos *Comprender y sanar la homosexualidad* y esa noche nos fuimos a casa y, titubeando, compartimos con nuestro hijo esta nueva y radical conocimiento. Se enfureció con nuestro interés en este enfoque, y le enojó en extremo que consideráramos siquiera ir en una nueva dirección, pero, por fortuna, estuvo dispuesto a escuchar.

Mi esposa y yo leímos el libro y, en la mayoría de sus páginas, encontramos descrita la realidad de nuestra familia. ¡Qué ciegos habíamos estado! Habíamos aceptado de todo corazón el mito de que «se nace así y no se puede cambiar« Nos dimos cuenta, de hecho, de que este mito había permeado nuestra educación en el seminario Bíblico y nuestros fundamentos teológicos. Estas nuevas ideas desafiaban al mito. Descubrimos también una amorosa verdad que, con toda precisión, daba sentido a las Escrituras. Sabíamos que Dios era en efecto un Dios de amor y de posibilidad, y no un Dios que ignora o que evita. Habíamos evitado afrontar la verdad de que no podíamos reconciliar nuestros pensamientos con las Escrituras, pero sabíamos también que el amor era la respuesta, y no juzgar con arrogancia o avergonzar. Habíamos estado incómodos en grupos, iglesias y denominaciones específicas que declaraban que la homosexualidad era un pecado y que este pecado se podía expulsar orando. Sabíamos que eso tampoco era del todo correcto.

Aunque nuestro hijo estaba muy enfadado de que hubiéramos dado un giro radical, estuvo dispuesto a leer el libro, y pudimos ver que hallaba significado en algunas de las cosas que estaba leyendo. De las diez distintas variables potenciales que el libro mencionaba como potenciales causas de la AMS, nos dimos cuenta de que había ocho en las que nos veíamos reflejados. Decidimos acudir a Washington D.C. para una sesión de sanidad familiar. Estábamos muy agradecidos de que nuestro hijo estuviera dispuesto a asistir.

Fue una de las experiencias más increíbles de nuestras vidas. Pese a que siempre nos habíamos preocupado unos por otros con un amor enorme, a través de la terapia familiar nos dimos cuenta de que las dinámicas de nuestra relación como marido y mujer, y como pastor y pastora habían afectado profundamente a nuestros hijos. En particular, habían contribuido a la atracción por el mismo sexo de nuestro hijo. Más aún, llegamos a desenterrar algunas de nuestras heridas y necesidades de la infancia, y comenzamos a ver cómo habían influenciado el desapego de nuestro hijo hacia mí y el vínculo excesivo para con su madre.

Empecé a aceptar el hecho de que yo tenía una relación distante con mi propio padre. Debido a eso, yo tendía a permanecer a cierta distancia o a ser emocionalmente inaccesible. Ese era mi método preferido de lidiar con situaciones desde niño, y como adulto, seguía haciendo lo mismo. Mi esposa se dio cuenta de que provenía de una larga lista de matriarcas y que, en algunos casos, los hombres eran sutilmente castrados en su familia. También había experimentado abandono y rechazo de niña, lo que la convirtió en una adulta necesitada de afecto. Comprendió que, inadvertidamente, había tenido la expectativa de que nuestro hijo se ocupara de algunas de esas necesidades. La terapia familiar expuso algunos de nuestros puntos ciegos, y cambió nuestras vidas de modos que no hubiéramos imaginado antes.

Aunque al principio fue difícil, mi esposa decidió pasar a un segundo plano en cuanto a nuestra familia. En ocasiones, permanecía en silencio en la mesa y permitía que mi hijo y yo conversáramos como nunca habíamos hecho. En cuanto a mí, empecé a concentrarme en estar emocionalmente accesible. Practiqué la escucha activa y procuré no reaccionar, sino más bien parafrasear y responder con preguntas. Me di cuenta de que era más importante para mí tener una relación con mi hijo que tener la razón siempre.

Mi propio corazón y cuidar de mí mismo han tenido gran importancia en mi proceso de sanación. El cuidado de mis padres cuando yo era pequeño tuvo aspectos malsanos. Ahora estoy entrando en contacto con mi propio niño interior, que me está dando grandes lecciones. Estoy aprendiendo a celebrar por completo el proceso de convertirme en el hombre que Dios quería que fuera. Mi esposa también ha tomado plena conciencia de llegar a ser la mujer que Dios quería que fuera. Nos dimos cuenta de que la osadía de nuestro hijo al compartirnos de su atracción por el mismo sexo fue el impacto que nuestra familia necesitaba para comenzar el proceso hacia la sanación y la plenitud.

Fuimos por fin honestos unos con otros, y esto permitió a nuestro hijo que empezara a expresar sus heridas de la infancia y sus necesidades insatisfechas. Comenzó a compartir su infierno con nosotros. Nos contó lo que era soportar el rechazo y las críticas de sus pares. Sabíamos que tenía un espíritu sensible, y que ambos de nuestros hijos se habían visto confundidos en cuanto a los roles del hombre y la mujer en la familia. Mi esposa y yo estamos ahora tomando la responsabilidad por nuestros fracasos pasados, y nuestra familia está sanando.

Como parte de nuestro plan de tratamiento familiar, empecé a abrazar a mi hijo varias veces por semana. Con demasiada frecuencia, él simplemente se quedaba ahí, sin querer estar ni en mi presencia ni en mis brazos. ¡Pero tomé la determinación de ganármelo! Para ser sincero, era agotador. Y hubo muchos tropiezos por el camino. Después de un año haciendo esto, él empezó una relación con un hombre. Así que pensé: «esto no está funcionando». Y dejé de abrazar a mi hijo.

Tras una semana, él vino y me dijo con sinceridad: «Papá, me siento muy herido porque me has abandonado y ya no me abrazas». Estaba sorprendido. Fue una lección de humildad. Y tomé la determinación de no rendirme, sin importar qué pasara. Así que retomamos nuestras sesiones semanales de abrazos. Aunque siguiera teniendo novio, luché para ganármelo. Con el tiempo, su relación se terminó.

Nuestro hijo acabó el instituto y se marchó para entrar a formar parte de una compañía teatral profesional. Entró de lleno en el mundo «gay» pero era tremendamente infeliz. Y entonces ocurrió el milagro. Encontró a un maravilloso grupo de hombres y mujeres de una iglesia que le colmaron de amor y seguridad. Lo invitaron a mudarse a una casa con otros miembros jóvenes del grupo. Y lo hizo. A medida que sus coetáneos del mismo sexo le prestaban la atención que nunca había recibido en su vida, lo que le daba seguridad, los muros alrededor de su corazón empezaron a derrumbarse lentamente. Nuestro hijo estaba volviendo a la vida; de hecho, estaba renaciendo y su fe se reavivaba por primera vez en años.

Ahora está decidido a sanar de su AMS. Él mismo solicitó otra sesión de sanación familiar para resolver las cuestiones pendientes con nosotros y con él mismo. Recientemente ha venido a casa y nos ha contado su renovada fe y libertad con sus amigos cercanos. Incluso dio un testimonio ante la feligresía y compartió su experiencia de transformación. Esta nueva realidad es una bendición inimaginable.

Seguimos luchando con nuestros sentimientos de rabia sobre el mito y cómo estropea nuestras vidas, robando a tanta gente su verdadera personalidad. Estamos agradecidos de poder manejar parte de esa rabia y canalizarla para ayudar a otros a entender que el cambio es posible. Mi esposa y yo estamos asumiendo lo que hemos aprendido y reflexionando en la forma en que ese mito afectó a nuestra familia, nuestra educación teológica, y nuestra familia de la iglesia. Tenemos esperanza. Nuestra familia experimenta ahora gozo, sanidad y plenitud. Gracias a Dios.

Nota del Autor: Qué historia tan extraordinaria de cambiar la cultura familiar y responsabilizarse por la sanación personal de cada miembro de la familia. Ahora, su hijo lleva ocho años casado con una hermosa mujer, y tienen dos preciosos hijos. ¡Los sueños se hacen realidad!

GUÍA PARA TERAPEUTAS

Conclusiones de HGPH

1. La AMS no tiene nada que ver con el sexo; es un asunto de identificación con su género.
2. Los padres escriben un plan de tratamiento personalizado y lo ponen en práctica día a día.
3. Tenemos que sentir y ser honestos para que haya sanación. Liderad con el ejemplo: sanaos vosotros mismos.
4. Es mejor un pequeño éxito que un gran fracaso; da un paso a la vez. Celebra cada victoria.
5. ¡Gana quien ama más y por más tiempo!

Sé que no he hablado específicamente de los transgénero, los no binarios, y otras identidades LGBTQ+. Le digo a los padres que utilicen los mismos principios de este libro. Les digo seriamente: «No intentes convencer a tu hijo de que no se identifique como transgénero o no binario. No lo hagas. No funcionará». Lo que debe hacer es dar amor incondicional y utilizar todos los ejercicios de este libro.

Bien, voy a compartir la verdad de lo que he experimentado, sin pretender decepcionar a nadie. En los últimos 35 años trabajando con padres que tienen seres queridos con AMS o que se identifican como LGBTQ+, el porcentaje que logra la meta de ayudar a sus hijos a que sean heterosexuales o reviertan a su identidad de género innata es bastante bajo. ¿Por qué? La mayoría de padres quieren que sus hijos cambien sin estar dispuestos a trabajar en cambiar ellos mismos, cambiar sus relaciones disfuncionales, o las dinámicas familiares.

¿Hay alguien que haya conseguido alguna vez cambiar a su cónyuge o su pareja? Por supuesto que no. La única persona a quien podemos cambiar es a nosotros mismos, y esa es una odisea de por vida. Las buenas noticias es que los padres que trabajan en sí mismos, se hacen más cercanos como pareja y cambian las dinámicas familiares, sí tienen éxito. Esta es la fórmula que da resultados positivos. Una vez más, la AMS no es el problema; lo que se oculta detrás es un corazón herido y unas necesidades afectivas insatisfechas.

Como has visto, *Hijos Gay, Padres Heterosexuales* es un libro lleno de ejercicios y deberes que hacer. Como terapeuta, lideramos con el ejemplo. Debemos trabajar constantemente en nosotros mismos para sanar nuestros propios problemas, mejorar nuestros matrimonios (si estamos casados) y cuidar amorosamente de nuestros hijos. El matrimonio y la paternidad son los trabajos más difíciles del mundo. Si no cuidamos de nosotros mismos y de nuestras relaciones, ¡no deberíamos estar trabajando en ayudar a otros!

Conclusión

De nuevo, para un análisis en mayor profundidad de cómo ayudar a tus seres queridos que experimenten AMS indeseada, te ruego que leas:

1. *Comprender y sanar la homosexualidad*
2. *Hijos gay, padres heterosexuales: ¿Qué hacer? Un plan familiar*
3. *Abriendo las puertas del armario*
4. *Manual del Programa de Formación para Consejeros*

Me gustaría agradecer también al doctor Jospeh Nicolosi Sr. Por su trabajo pionero en nuestro campo de comprender el significado subyacente de la atracción por el mismo sexo y su aplicación al proceso terapéutico. Sus libros ayudaron mucho a mi desarrollo personal y profesional.

Te animo a visitar su página web para más información: https://www.josephnicolosi.com. Hay muchos otros terapeutas que han sido pioneros en este campo. Mi más sentido agradecimiento para todos ellos.

Cuando cursaba mi último año en el Instituto de Lower Merion, en un suburbio de Filadelfia, mi trabajo final de la asignatura de Lengua fue sobre la homosexualidad masculina. Esto fue en 1970, y nadie se atrevía a mencionar un tema semejante en público. Bien, yo nunca permití que las normas sociales me impidieran buscar la verdad. Desde mi juventud, busqué una comprensión más profunda del sentido de la vida. Esto era primordial para mi ser. Además, encontrar libros que me ayudaran a entender mis deseos homosexuales fue de la mayor importancia para que yo pudiera sobrevivir.

Estando en el último curso del instituto, tuve la oportunidad de presentarme a una audición como pianista para la Escuela de Música Eastman en la Universidad de Rochester. Mientras estaba allí, en unos callejones, bajando una calle mal iluminada, encontré una librería gay. Entré nervioso, con la cabeza gacha. Encontré un libro que picó mi curiosidad y lo compré: *Homosexualidad: un Estudio Psicoanalítico* del doctor Irving Bieber, publicado en 1962. ¡Fue una revelación! Alguien expresó la verdad a mi alma sobre la etiología de los deseos homosexuales y la posibilidad de cambiar.

Encontré varios otros títulos, y escribí a máquina un ensayo de 26 páginas sobre los orígenes y el tratamiento de los sentimientos homosexuales egodistónicos. No recuerdo si me expuse como homosexual en el ensayo. Lo único que recuerdo es que mi profesor quedó sorprendido y encantado y me recompensó con un «Excelente».

CONCLUSIÓN

La verdad, no me importaba la calificación. Había escrito ese ensayo para mí, para ayudar a explicar lo que había estado sintiendo por tantos años.

Pedí ayuda a mis padres, para que me llevaran a un psiquiatra por mis sentimientos homosexuales indeseados. Recuerda que era 1970, y el tema era tabú. Decir en alto la palabra «homosexual» era de lo más inadecuado. Pero eso nunca me había detenido. De algún modo, tuve suficiente respeto por mí mismo y suficiente turbación interior como para pedir lo que necesitaba; de nuevo, todo como parte de mi eterna búsqueda de la verdad. Cabe reconocer que mis padres no se alteraron al contarles. Mi padre trató de ignorar el tema, y mi madre dijo, para mi pesar: «¡Siempre lo he sabido!»

El primer psiquiatra al que fui, estando aún en el instituto, fue el doctor Dryer. Fue un desastre total. Dudo que tuviera comprensión alguna sobre los orígenes y el tratamiento de la AMS indeseada. Así que lo dejé. Varios meses después me fui a la Universidad de Boston, donde comencé mis estudios como pianista. Encontramos a otro psiquiatra dispuesto a intentar ayudarme. Durante los tres años siguientes, tuve dos sesiones por semana con el doctor Julius Silberger. Era pura tortura, muchísimo dolor y muy poco avance. Me hacía tumbarme en el sofá, al estilo tradicional freudiano, y compartir lo que me viniera al corazón y a la mente. Principalmente, decía «Ya veo», «ajá», «comprendo». Esta era la profundidad y el alcance de sus respuestas. Y eso cuando no me hacía preguntas que indujeran a la respuesta que él quería escuchar. Era una agonía que entumecía mi psique. Más adelante llegaría a saber que este tipo de enfoque terapéutico está contraindicado, ya que el desapego es una parte intrínseca de la AMS. El tradicional psicoanálisis freudiano refuerza que la vinculación sufra y mantiene al cliente en estado de desapego.

En mi primer año en la Universidad, tuve unos cuantos novios y entonces conocí a Kurt, un hombre que fue mi pareja durante tres años.

Con todo mi corazón, traté de hacer que nuestra relación funcionase. Kurt y yo jugábamos al gato y al ratón. Yo le perseguía y, a menudo, él huía. Éramos dos almas muy torturadas tratando de resolver nuestra situación. Si hubiera podido funcionar… pero obviamente aquello no era lo que debía ser.

Kurt y yo nos separamos en 1974. Habiendo conocido a un grupo religioso que me ayudó en la búsqueda de la verdad, puse fin a nuestra relación homosexual, creyendo que no era compatible con la palabra de Dios. Fui célibe los siguientes nueve años. En esa época conocí a mi futura esposa, Jae Sook, de Corea del Sur. Siendo como he sido siempre, un alma honesta, le conté de mi pasado homosexual. Y realmente creía que eso había quedado en el pasado, puesto que no había cedido a esos deseos en casi una década. Su respuesta hacia mí fue compasiva. Me sentí aliviado y agradecido.

Nos casamos en 1980. Al principio lo que estábamos viviendo era muy romántico y maravilloso. Y así lo sentía yo. Pero entonces el monstruo emergió, y ese monstruo era yo. Me volví muy irritable y controlador hacia mi esposa. Fue como si mi padre me hubiera poseído. Estupefacto, horrorizado y enfadado, volví a buscar terapia. Ah sí, y también mis deseos homosexuales volvieron a emerger en todo su esplendor. Estaba furioso con Dios. «¿Por qué no me quitaste estos deseos? He hecho todo lo que me has pedido. He sido el perfecto varón cristiano». Pegué puñetazos en el suelo, en mi pecho y contra el cielo. «¿Por qué? ¿Por qué? ¿Por qué?». Por supuesto, durante esos nueve años de celibato había sentido deseos homosexuales intermitentes; sin embargo, me dijeron que me limitara a ignorar y suprimir esos sentimientos, y eso hice.

Por entonces vivíamos en Nueva York. Yo era gerente artístico. Organizaba giras para músicos clásicos y compañías de ballet desde Estados Unidos y Europa a toda Asia: Japón, Corea, Taiwán, Singapur, Malasia, China y las Filipinas. Tenía un gran éxito en mi trabajo, pero la vida en mi hogar era miserable. Para pagar la terapia, tomé un segundo trabajo como camarero en un restaurante japonés cerca de Naciones Unidas. De día era productor artístico (de gira con los artistas o bailarines a lo largo de toda Asia, a menudo seis veces al año), y varias noches por semana atendía mesas en un restaurante.

A partir de mayo de 1983, mi terapeuta fue el doctor Robert Kronemeyer. Era el autor de *Superar la Homosexualidad* [*Overcoming Homosexuality*, 1980]. Él me ayudó, poco a poco, a descubrir los orígenes de mi AMS indeseada. Se había formado con los doctores Alexander

Lowen y Wilhelm Reich, fundadores de la Terapia bioenergética. Mediante diversas modalidades terapéuticas, me guio de vuelta al pasado, donde para mi asombro descubrí el abuso sexual infantil por parte de mi tío (el Dr. Kronemeyer nunca insinuó siquiera que yo hubiera sido abusado; esos recuerdos emergieron por sí solos). Me enfurecí, grité, pegué golpes, y comencé esta dolorosa búsqueda para revelar y descubrir al niño herido en mi interior.

Es agotador incluso recordar aquel tiempo: trabajando en dos empleos, procurando ser un mejor marido para mi esposa, cuidando de nuestros dos hijos pequeños, y recorriendo las oscuras tinieblas de mi alma en terapia. En vez de resolver mi AMS indeseada, esos deseos regresaron con más fuerza aún. La cuestión fue que mi terapeuta no me ayudó a desarrollar una sólida red de apoyo. La gente de mi iglesia, y de otras iglesias que a las que iba, no comprendía este fenómeno de la homosexualidad. Me sentía como si estuviera siempre fuera, mirando al interior desde la ventana, y sin nadie que me abriera la puerta.

Entonces le comuniqué a mi esposa y a mi terapeuta: «Necesito que me abrace un hombre. Necesito pasar mi duelo y curarme en los brazos de un hombre; un hombre sano y heterosexual, seguro de su propia identidad de género y su masculinidad. He buscado ayuda en distintos grupos religiosos, grupos de apoyo y entornos sociales. Ni uno, lo digo en serio, ni un solo hombre está

CONCLUSIÓN

dispuesto a abrazar a esta alma hambrienta. No es sexo lo que quiero. No necesito sexo. Solo me hace falta el contacto físico sano de un hombre. Así que voy a buscar algo de paz en brazos de un hombre gay». Y eso fue lo que hice. Recuerda, en aquel momento vivíamos en la ciudad de Nueva York, que es una de las capitales gays de Estados Unidos. Así que me adentré en el triste mundo gay, buscando un contacto físico sano, sabiendo que tendría que comprometer mis valores y mis creencias para experimentar algo de contacto y un abrazo.

Tendrás que esperar varios años más para que comparta detalles adicionales de lo que experimenté durante aquellos años tumultuosos. Escribí un diario sobre mi proceso durante los siguientes veinte años, tanto durante la sanación de la AMS indeseada, como a partir de 1989 cuando me convertí en terapeuta y empecé a ayudar a los demás. Mi momento personal clave ocurrió en febrero de 1987. Nos marchamos a Seattle, Washington, donde estudié consejería psicológica en la escuela de posgrado y comencé mi práctica clínica como psicoterapeuta.

En resumen, los dos principales puntos a destacar que quiero comunicarte son los siguientes:

Primero, **no des inicio** (en serio, no lo hagas) a la terapia psicodinámica (las etapas tres y cuatro del proceso de sanación) antes de que el cliente esté emocional y mentalmente estable y tenga una sólida red de apoyo. Si el cliente no está experimentando un amor propio saludable e interiorizado, y está rodeado de un entorno que le respalde, buscará el amor en los lugares equivocados, traicionando su propio sentido de integridad.

Segundo, este es un problema relacionado con la identificación con su género dado durante el desarrollo. El sexo nunca resolverá la AMS de nadie, porque, una vez más, esos deseos son los de un niño necesitado de vínculos sanos y de un apego seguro con miembros de su mismo género. Los hombres con AMS deben sanar con hombres con ASO, y las mujeres con AMS deben hacerlo con mujeres con ASO. Esta es una fórmula para el crecimiento constante hacia la hombría o la feminidad.

Así que como ves, conozco este asunto por dentro y por fuera. Puedo decir lo que digo porque he hecho lo que he hecho, y he ayudado a muchísimos a sanar y a alcanzar sus sueños heterosexuales. Los sueños se hacen realidad. Por favor, ayuda a estas almas sensibles en su viaje por reclamar su auténtica identidad de género.

Te ruego que me permitas repetir brevemente varias de **las lecciones que he aprendido** a lo largo de los últimos treinta y cinco años en mi práctica clínica:

1 - a AMS no es cuestión de sexo. Tu cliente puede acudir a ti diciendo: «No quiero ser gay. No quiero vivir una vida gay. Por favor, ayúdeme a resolver estos sentimientos y a ser estrictamente heterosexual». Primero, dale esperanza de que el cambio es posible. Después, debes redefinir su concepto de ser «gay» y ser «heterosexual». Quieren librarse de estos sentimientos indeseados. Sin embargo, esos sentimientos son un mensaje de su alma, tratando de captar su atención. La AMS no es mala. La AMS no es malvada. La AMS no es una maldición de Dios ni del Diablo. La AMS es el intento de la psique de comunicar que algo duele muy adentro, que necesita atención, resolución y amor del tipo correcto.

Lleva años desarrollar AMS, por lo tanto, llevará tiempo resolver los problemas que han dado origen a esos deseos. En general, el proceso de sanación lleva entre un año y medio y tres años. El tiempo que tome resolver la AMS indeseada depende de la gravedad, el esfuerzo y el respaldo: 1) la gravedad de las heridas experimentadas en la infancia/adolescencia, 2) el esfuerzo que él o ella estén dispuestos a invertir en el proceso de sanación, y 3) el número de hombres/mujeres que tenga en su red de apoyo. Sin hombres sanos y heterosexuales, él no será capaz de desarrollar su masculinidad hasta la plenitud. Ella también necesita a mujeres heterosexuales saludables que la rodeen con abundante amor femenino y atención no sexual.

2 - Asegúrales que lo primero que necesitan no es «deshacerse» de la AMS. Cuando resuelvan las heridas de su pasado, los traumas callados o evidentes que ocurrieron en la infancia temprana y/o la adolescencia, y experimenten el amor saludable de personas de su mismo género, la AMS disminuirá de forma natural, y surgirán las atracciones por el sexo opuesto. Estamos diseñados biológicamente como heterosexuales, ya que hombres y mujeres encajan a la perfección juntos. Dos hombres o dos mujeres, sin embargo, no lo hacen.

3 – Si hay un diagnóstico dual, o comorbilidad, primero tú u otro especialista debéis ayudar al cliente a resolver los otros asuntos, p. ej., adicción al alcohol, adicción a la pornografía o a la masturbación, abuso de sustancias, etc. A menos que empiecen a resolver su adicción seguirán revirtiendo continuamente a ese patrón de comportamiento cuando experimenten estrés o dolor, y demorarán toda posibilidad de sanación. Si el cliente es incapaz o no está dispuesto a lidiar con sus adicciones u otros diagnósticos, no sería profesional por tu parte intentar atenderle.

4 – Como dijo el doctor Dean Byrd, «Sé más que un terapeuta, y menos que un padre». Eres su apoyo. Debes ser el portador de esperanza; van a conocer la verdad (sobre sí mismo), y la verdad, eventualmente, les hará libres. Anímales a no rendirse jamás. Sigue infundiéndoles esperanza. Mantenles en el camino correcto. Sigue las cuatro etapas de la recuperación. Simplemente asegúrate de «estar ahí» para ellos cuando se sientan desanimados o desesperanzados. Sé su mayor animador. Infúndeles esperanza en su resultado, en alcanzar sus sueños. «Puedes hacerlo. Yo creo en ti. Voy a estar a tu lado. ¡No te rindas!». Más que un terapeuta, menos que un padre.

5 – El tiempo, por sí solo, no sana las heridas; solo las entierra más hondo. Debemos ayudar al cliente a rastrear lo que ocurrió y a hacerle frente, pasando el duelo por las pérdidas pasadas, y experimentando un amor nuevo y sano de quienes sean capaces de ofrecerlo.

6 – **Las heridas experimentadas en relaciones dañinas deben ser sanadas en relaciones saludables.** No podemos curarnos por nuestra cuenta, porque todos los problemas son relacionales. Llorar a solas en nuestra almohada por la noche no bastará. Esa clase de duelo se convierte en cíclico. Es necesario experimentar el amor real en relaciones saludables para poder sanar las heridas antiguas. Necesitamos compartir nuestra verdad, sentirnos aceptados, construir confianza, y entonces experimentar amor real. Recuerda que no hay atajos para arreglar los asuntos del corazón. Además, como terapeuta o *coach*, debes, absolutamente y sin falta, ayudar al cliente a construir una sólida red de apoyo. Un hombre necesita que hombres sanos con ASO sean sus amigos y mentores. Ella necesita lo mismo de mujeres con ASO. Aprende más de cómo construir la red de apoyo en *Comprender y sanar*, capítulos cuatro y seis.

7 – **Te ruego que hagas saber a tu cliente que, cuando esté estresado o bajo presión, sus viejos hábitos pueden volver a emerger como un mecanismo de defensa**. No significa que hayan retrocedido o vuelto atrás si experimentan de nuevo una AMS. Es meramente la repetición de un patrón neurológico anterior. La clave es comprender que lo importante aquí no es el viejo hábito (la AMS indeseada), sino lidiar con la situación y circunstancias presentes de formas nuevas: saludables y efectivas. En cuanto el o la cliente se hagan cargo de sí mismo, o acaso recuerden momentos de ser amados,

los vestigios de cualquier patrón malsano antiguo se desvanecerán, y se sentirán mucho mejor. Además, si alguien ha experimentado abuso sexual u otras formas de actividad con el mismo sexo a una edad temprana, las sendas neuronales del cerebro fueron formateadas para experimentar AMS. Por lo tanto, bajo estrés, una respuesta de emergencia puede ser la atracción por el mismo sexo. Esto solo significa que los restos del viejo y malsano cableado se está activando debido al estrés. Uno debería respirar, relajarse, ponerse en contacto con su propia alma y escuchar lo que está intentando comunicarle. Nunca es cuestión de AMS (o de sexo), sino de un adecuado cuidado de uno mismo y de aprender a amar y a ser amados.

8 – La AMS puede ser un regalo para ayudar a hombres y mujeres a sanar, a crecer y a convertirse en quienes realmente están hechos para ser. Enséñales que la AMS es de hecho su mejor amiga. Ayúdales a abrazar el problema, escucharlo, aprender de él, y llegar a ser un buen mayordomo de sus propias almas. Entonces bendecirán a otros, porque han viajado a través de su propio infierno personal y han regresado como personas más sanas, capaces de amar y de ofrecer sus dones a los demás.

9 - «No eres gay«. «No eres un o una homosexual». «No eres bisexual». «No eres no binario». «No eres transgénero». «Eres o un precioso hijo o una preciosa hija de Dios (y para quienes no tengan ninguna creencia espiritual en particular, «Eres o un hombre»

o «Eres una mujer»). **Esa es tu verdadera identidad».** Es enormemente importante comunicar esto a tu cliente al comenzar la terapia. «Gay», «homosexual», «bisexual», «no binario», «transgénero», son todos términos creados por el ser humano. Son etiquetas erróneas. En la cultura actual, esos términos se utilizan como nombres, encasillando a las personas en cajas cerradas. Sin embargo, AMS opera como un adjetivo, describiendo los pensamientos, sentimientos y deseos de alguien.

10 – Debes ser honesto y estar dispuesto para poder superar esto. La primera etapa es terapia conductual. La segunda etapa es terapia cognitiva. Las etapas tres y cuatro son terapia psicodinámica. Por supuesto, a lo largo de las cuatro etapas de la recuperación, los clientes están aprendiendo a entrar en contacto con su mundo interior y sus sentimientos más profundos. Si un terapeuta simplemente practica la «terapia conversacional» sin ayudar al cliente a que se alinee más y esté más en contacto con su corazón, no se dará un cambio real y duradero.

Espero que este libro te ayude a que ayudes a otros. Mi deseo es que algún día todo el mundo conozca la verdad sobre la homosexualidad. Mientras tanto, os ruego que seáis agentes de cambio en vuestro mundo: ayudando una vida a la vez. ¡Juntos cambiaremos la historia!

Recursos

Patrick Carnes, *Salir de las Tinieblas: Comprendiendo la Adicción Sexual* [Out of the Shadows: Understanding Sexual Addiction], Center City, MN: Hazelden Publishing, 3rd Edition, 2010.

Richard Cohen, *Comprender y sanar la homosexualidad,* Madrid. Libros Libres. Décima edición 2012

Richard Cohen, *Programa de Formación de Consejeros: Ayudar a Quienes Sienten atracción por el mismo sexo y a sus Seres Queridos* [Counselor Training Program: Assisting Those with Same-Sex Attraction and Their Loved Ones], Bowie, MD: PATH Press, 2008, revised edition 2023.

Richard Cohen, *Hijos Gay, Padres Heterosexuales: ¿Qué Hacer? Un Plan Familiar*, Ed. Libros Libres, 2014.

Richard Cohen, M. Waseem (Illustrator); *La Casa de Rich* [Rich's Home], Bowie, MD: PATH Press, 2022.

Richard Cohen, *Abriendo las puertas del armario: Lo que no sabías sobre la homosexualidad.* Ed. Libros Libres, 2013

Norman Doidge, *El Cerebro Se Cambia a Sí Mismo: Historias de Triunfo Personal desde las Fronteras de la Ciencia*

Cerebral [The Brain that Changes Itself: Stories of Personal Triumph from the Frontiers of Brain Science], New York: Penguin Books, 2007.

Janelle Hallman, *El Corazón de la Atracción Femenina por el Mismo Sexo* [The Heart of Female Same-Sex Attraction], Westmont, IL: InterVarsity Press, 2008.

Elizabeth R. Moberly, *Homosexualidad: Una Nueva Ética Cristiana* [Homosexuality: A New Christian Ethic], Cambridge, UK: Lutterworth Press, edición revisada, 2006.

Joseph Nicolosi Sr., *Terapia Restaurativa de la Homosexualidad Masculina: Un Nuevo Enfoque Clínico* [Reparative Therapy of Male Homosexuality: A New Clinical Approach], Northvale, NJ: Jason Aronson, Inc, 1991, Liberal Mind Publishers, 2020.

Joseph Nicolosi Sr., *Cómo Prevenir la Homosexualidad: Los hijos y la Confusión de Género*, Ediciones Palabra, 2009.

Joseph Nicolosi Sr., *Vergüenza y la Pérdida del Apego: Práxis en el Acompañamiento de la Homosexualidad No Deseada*, Campomanes Editores, 2020.

James Phelan, *Resultados Exitosos en Esfuerzos de Cambio de Orientación Sexual* [Successful Outcomes of Sexual Orientation Change Efforts], Phelan Consultants LLC, 2014.

Jay Stringer, *Indeseado: Cómo el Quebranto Sexual Revela Nuestro Camino a la Sanidad* [Unwanted: How Sexual Brokenness Reveals Our Way to Healing], Jay Stringer, Carol Stream, IL: NavPress, Tyndale House Publishers, Inc., 2018.

Mark Woylnn, *Este dolor no es mío: Identifica y resuelve los traumas familiares heredados*, Gaia Ediciones, 2017.

Organizaciones

Puedes encontrar una lista de organizaciones terapéuticas y ministerios en el siguiente enlace, que seguirá actualizándose:

https://www.pathinfo.org/organizations

Organizaciones Terapéuticas/de Sanidad
- Alianza por la Elección Terapéutica y la Integridad Científica [Alliance for Therapeutic Choice and Scientific Integrity] (Terapeutas profesionales) www.therapeuticchoice.com
- Brothers Road (Grupos de apoyo online para hombres / Experiencia de fin de semana «Viaje a la Masculinidad» [Journey into Manhood]) https://www.brothersroad.org
- Instituto para las Familias Sanas [Institute for Healthy Families] (Terapeutas profesionales) https://instituteforhealthyfamilies.org
- Janelle Hallman (Terapia para mujeres con AMS y para sus familias) https://www.janellehallman.com
- Joel 225 (Grupos de apoyo online para quienes experimentan AMS indeseada; varios idiomas) www.joel225.org
- Aproximaciones Positivas a una Sexualidad Saludable [Positive Approaches To Healthy Sexuality (PATH)] www.pathinfo.org

Ministerios de Fe
- Courage / Encourage (Católico)
  www.couragerc.net
- Estrella del Norte [North Star] (Mormón)
  www.northstarlds.org
- Red de Esperanza Restaurada [Restored Hope Network] (Cristiano)
  www.restoredhopenetwork.com
- Uno a Uno [One by One] (Presbiteriano)
  www.oneby1.org
- Congregación Transformadora [Transforming Congregation] (Metodista)
  www.transformingcong.org
- Brothers Road: grupos de apoyo para esposas
  http://www.brothersroad.org/whj/helpforwives/
- Strong Support: Grupo Musulmán
  https://www.strongsupport.co.uk

Organizaciones para Padres e Hijos
- PFOX: Padres y Amigos de Ex-Gays y Gays) [Parents and Friends Of Ex-Gays and Gays] (Cristiano)
  www.pfox.org
- Apoyo para Hijos de Padres LGBTQ+
  www.dawnstefanowicz.org

Otras Organizaciones
- https://www.davidpickuplmft.com
- https://familystrategies.org/our-team/
- https://www.reintegrativetherapy.com
- www.voicesofchange.net
- México: Paula del Villar / Tel. +55 2775 3308

Acerca del Autor

Richard Cohen es un psicoterapeuta, educador y autor que viaja por Estados Unidos, Europa, Latinoamérica y Oriente Medio enseñando sobre relaciones maritales, técnicas de crianza, sanidad del abuso sexual, y comprensión de problemas de identidad de género y orientación sexual. A lo largo de los últimos 35 años, ha ayudado a cientos mediante terapia y a miles mediante seminarios de sanación, al tiempo que ha formado a más de 6.000 médicos, terapeutas y líderes ministeriales en cómo atender a quienes lidian con situaciones indeseadas de identidad de género y orientación sexual.

Cohen es el autor de 1) *Comprender y sanar la homosexualidad,* 2) *Hijos Gay, Padres Heterosexuales: ¿Qué hacer? Un plan familiar,* 3) *Abriendo las puertas del armario,* 4) *Sanando la Humanidad: tiempo, tacto y trato,* 5) *Guía para Terapeutas: La asistencia a quienes sienten atracción por el mismo sexo y a sus seres queridos* [A Therapist's Guide: Assisting Those with Same-Sex Attraction and Their Loved Ones], 6) *La Casa de Rich* [Rich's Home], y 7) *Manual del Programa de Formación de Consejeros* [Counselor Training Program Manual]. Sus libros se han publicado en doce idiomas.

Estableció la Fundación Internacional para la Sanidad [International Healing Foundation (IHF)] en 1990, y actualmente es el presidente y cofundador de Aproximaciones Positivas a una Sexualidad Saludable [Positive Approaches To Healthy Sexuality (PATH)]. Situada en Washington D.C., en el área metropolitana, PATH ofrece consultas, sesiones de sanidad familiar, materiales y recursos y conferencias. Cohen es invitado habitualmente a dar charlas en campus universitarios y conferencias tanto terapéuticas como religiosas.

Cohen posee una licenciatura por la Universidad de Boston y un máster en consejería psicológica por la Universidad de Antioch. Durante tres años, trabajó como educador sobre el VIH/SIDA para la delegación de Seattle, Washington, de la Cruz Roja Americana, donde escribió un currículum estatal para padres de acogida y profesionales de la atención sanitaria que trataran con niños con VIH.

Cohen ha sido entrevistado para medios impresos, radio y televisión, incluyendo apariciones en *20/20, Jimmy Kimmel Live, Rachel Maddow, Howard Stern,* ABC, NBC, CBS, CNN y otras cadenas de noticias de todo el mundo. Vive en el área metropolitana de Washington D.C., con Jae Sook, la que ha sido su esposa por cuarenta y tres años, y tiene tres maravillosos hijos ya adultos.

Positive Approaches To Healthy Sexuality (PATH)
P.O. Box 2315, Bowie, MD 20718 / Tel. (301) 805-5155
Email: pathinfo@pathinfo.org
www.pathinfo.org
www.TimeTouchandTalk.com

www.ingramcontent.com/pod-product-compliance
Lightning Source LLC
LaVergne TN
LVHW010210070526
838199LV00062B/4526